출애굽,
그 이상과 현실

다시 읽는 출애굽기 1-18장

출애굽, 그 이상과 현실

다시 읽는 출애굽기 1-18장

이종록 지음

KSI 한국학술정보[주]

차 례

여는 글 출애굽 이야기 – 그 오해와 오용의 역사를 넘어

기독교를 '책의 종교'라고 하는데, 이 말에서 알 수 있듯이, 기독교회는 자신들이 경전으로 인정한 구약과 신약 성경을 매우 중요하게 생각한다. 일단 이론적으로는, 또 교리적으로는 기독교에 있어서 성경이 기독교인의 사고와 삶의 절대적인 기준이고, 또 기독교인을 교육하는 교과서이다. 그렇기 때문에 상식적으로 생각해 봐도, 성경교육은 성경에 최고 권위를 부여하는 신학교육에서 최우선적이어야 한다. 명분상으로, 그리고 어떤 논쟁적인 상황에서 기독교인들에게는 성경이 최고 권위를 갖기 때문에, 기독교인들이 성경을 어떻게 읽고 거기서 어떤 내용을 파악하느냐에 따라서 기독교의 성향이 달라질 수 있기 때문이다. 이런 점에서 기독교인들이 성경을 바르게 읽고 제대로 이해하는 것은 기독교 자체적으로는 말할 필요도 없고, 그들이 사는 사회에서도 대단히 중요하다.

그러나 지금까지의 역사, 기독교 역사를 찬찬히 살펴보면, 기독교인들은 성경을 제대로 읽지 못했고, 제대로 교육받지 못했다. 오히려 기독교인들은 성경의 많은 부분을 곡해하고 바르게 이해하지 못했으며, 오히려 성경이 말하는 것과 정반대 방향으로 나아가기도 했다.

특히 '기독교 이후 시대'(Post–Christianity)라고 일컬어지는 오늘날,

기독교회와 교인들에게 성경이 그렇게 큰 힘을 미치지 못한다.[1] 기독교인들은 성경을 잘 모를 뿐만 아니라, 진지하게 성경을 공부하려고 하지 않고, 성경이 말하고 가르치는 대로 살(려고 하)지 않는다. 이런 면에서 오늘날 기독교회와 기독교인들은 매우 심각한 위기에 처해 있다고 할 수 있을 것이다. 기독교회가 가장 중요하게 생각하는 성경이 기독교인들에게조차 제 역할을 하지 못하는 것이 현재 기독교가 당면한 가장 큰 문제이다.

이집트, 앗시리아 그리고 바빌로니아, 페르시아, 헬라, 로마라는 거대한 제국들이 엮어 내는 흥망성쇠에 휩쓸려야 했던 고대 이스라엘은 자신들을 '제3세계'로 인식했다. 구약성경이라는 방대한 기록은 '출애굽'이라는 엑소더스(Exodus) 사건, 즉 탈제국주의적·탈식민주의적 사건을 핵심으로 이야기를 전개한다. 출애굽은 이스라엘 백성의 정체성을 명확히 해 주는 중요한 사건이다. 구약성경에서는 출애굽 사건을 이야기하지 않으면 아무것도 말할 수 없을 정도로 출애굽은 의미 깊다. 구약성경은 이스라엘이 애굽(이집트)에서 종살이하던 백성이었는데, 하나님이 그들을 해방시켜 주셨다는 사실을 계속 강조한다.

출애굽 사건을 신앙고백의 핵심으로 삼을 만큼 이스라엘은 이 사건을 중요하게 생각하고, 자신들뿐만 아니라 후손들에게 출애굽의 정신, 즉 출애굽의 신학을 교육하기 위해서 애썼다. 이스라엘은 안식일을 비롯해서 안식년과 희년 그리고 유대인들의 3대 절기인 무교절, 칠칠절, 초막절을 통해서 출애굽 사건을 기억하고 출애굽 정신을 교

1) 현재 미국은 부정적인 측면에서 예외이다. 여기에 대해서는, 2005년 5월 14일 서울대에서 열린 한국종교학회 춘계 학술대회 그리스도교 분과에서 필자가 발표한 "탈(脫)세속화시대와 기독교 보수주의 – 미국의 보수적 기독교에 대한 비판"을 참고하라.

육하고자 했다.

서구열강은 식민지를 개척하면서 가증스럽게도 출애굽과 가나안 정복을 침략의 성경적 근거로 삼았다. 이것은 미국을 점령한 청교도들도 마찬가지였다.

> 1620년 매사추세츠 주 프리머츠에 정착한 청교도인들은 자신들이 새 이스라엘을 건설하고 있다고 생각했다. 실제로 모든 식민화 작업이 하나님의 인도하심으로 이루어졌다고 그들은 믿었다. 1613년 버지니아에서 휘태커(Alexander Whitaker)는 "하나님께서 친히 이 길을 우리에게 열어주셨고, 그의 손으로 우리를 이 일로 인도하셨다."고 설교하였다. 영국의 식민주의 사상에 이런 약속의 땅의 이미지가 깊게 자리 잡고 있었다. 그 순례자들이라고 불리던 청교도인들은 자신들을 고대 히브리 백성과 일치시켰다. 그들은 신천지를 새로운 가나안으로 보았다. 그리고 그들은 약속의 땅으로 진군해 들어가는 하나님의 선민이었다. …… 1783년에 스타일스(Ezra Stiles)는 조지 워싱턴(George Washington)이야말로 '미국의 여호수아'이고, "독립전쟁에서처럼 명예스럽고 훌륭한 동기로 무기를 사용한 때가 역사상 눈의 아들 여호수아의 시대 이래로 일찍이 없었다."라고 주장하였다. 심지어는 1776년에 미 연방공화국의 설립자인 프랭클린(Benjamin Franklin)과 제퍼슨(Thomas Jefferson)은 신생 미국의 국새(Great Seal)에 약속의 땅 이미지를 넣자고 제안했다. 프랭클린은 모세가 홍해(갈대바다)를 가르면서 그 물살에 바로의 군사들이 빠져 죽는 그림을 제안하였다. 제퍼슨은 광야에서 이스라엘 백성이 낮에는 구름기둥, 밤에는 불기둥으로 인도되는 그림을 넣자고 주장하였다. ……하나님의 선민이라는 사상이나 미국을 고대의 가나안과 일치시키려는 시도는 미 원주민이 대대로 살아왔던 땅에서 그들을 추방시키는 데에 정당성을 부여했다. 식민자들은 스스로를 '사탄의 세력'인 미 원주민들과 대결하고 있다고 보았다. 즉 미 원주민들은 가나안 사람들처럼 멸망하고 추방되어야 한다고 여겼다.[2)]

2) Roy H. May, Jr., Joshua and the Primised Land, 서광선 옮김, 『여호수아와 약속의 땅』(서울: 대한기독교서회, 1982), 134－135.

신앙을 찾아서 신대륙으로 갔다는 청교도들이 얼마나 그릇된 성경관을 갖고 있었는지, 그리고 그런 그릇된 성경관으로 인해서 얼마나 많은 원주민들이 고통당하고 학살당했는지 알 수 있다.[3)] 구약성경, 특히 출애굽과 가나안 정착에 대한 왜곡된 인식이 미국을 정복한 청교도들에게서만 나타나는 것은 아니었다. 스페인과 포르투갈은 중남미 지역을 정복했는데, 그들도 가나안 정복을 모델로 삼았다. 그래서 멕시코 성경학자 타메즈는 이렇게 말한다.

> 가장 많이 사용된 대륙 정복의 성경적 근거는 가나안 정복의 이야기였다. 16세기 스페인 사람으로 명성과 영향을 끼쳤던 철학자인 세플베다(Juan Gine de Sepulveda)는 이 성경의 주제를 사용해서 원주민과의 전쟁을 정당화했다. 그는 신성 모독을 처벌한다는 명목으로, 또한 그 대륙이 약속의 땅과 마찬가지로 하나님이 주신 특별한 선물이라는 명목으로 대륙 정복을 합리화했다(교황은 그리스도의 대리자로서 땅을 줄 권한을 부여받았다는 주장이었다). 하나님께서 스페인 사람들을 선택해서 야만인들에 대한 하나님의 심판을 집행하게 했고 그들의 땅을 정복하게 했다. 세플베다는 이러한 신념에 근거해서 침략 전쟁을 합법화했을 뿐만 아니라 원주민들의 범죄 무게를 생각한다면 필수적으로 있어야 한다고 주장했다.[4)]

기독교적인 유럽의 제국주의뿐만 아니라 일본제국주의에 편승한 어용적인 일본기독교인들 역시 일제의 한국 침략과 식민 지배를 가나안 정복에 근거해서 정당화하려고 했는데, 이들 제국주의자들이 서

---

3) 1890년 기록을 보면, 잔존 원주민 수는 25만 명뿐이었는데, 스태나드는 청교도들이 300년 동안 최소한 1억 명 이상의 원주민들을 학살했고, 최소 3천만 명에서 최고 6천만 명의 아프리카 흑인들을 학살했을 것으로 추정한다. D. E. Stannard, *American Holocaust*(Oxford: Oxford University Press, 1992), 151, 317. 조찬선, 『기독교죄악사(하)』(서울: 평단문화사, 2000, 2001), 176, 176쪽 각주 90번, 177쪽 각주 91번에서 재인용.

4) Elsa Tamez, "Biblia y 500 anos", *Revista de Interpretacion biblica latinoamericana* 16(1993), 12. Roy H. May, Jr., 140에서 재인용.

로 협약이라도 한 듯 구약성경을 동일하게 왜곡하는 모습에서 전율을 금치 못한다. 출애굽과 가나안 정복을 식민지 백성들의 입장에서 읽지 않고 제국주의적인 입장에서 읽을 때, 그것이 성경내용을 훼손할 뿐만 아니라 타국을 침략하고 점령하는 무자비한 도구가 된다는 것을 명심해야 한다. 이러한 우려는 지금도 마찬가지다. 그렇기 때문에 다른 무엇보다 출애굽 이야기를 바르게 읽어야 하는 것이다.

이런 이유로 이 책은 출애굽기 바로 읽기를 시도하는데, 출애굽기 1~18장이 이야기 형태이기 때문에, 이야기를 읽는 방식으로 본문을 한 장 한 장 차근차근하게 살피려고 한다. 그러면서 출애굽기 1~18장이 말하는 것에 어린아이 같은 호기심으로 귀를 기울이려고 한다.

그리 많은 사람들이 읽을 것 같지 않은 이 책을 출판해주신 한국학술정보(주), 특히 편집하느라 수고하신 김은정 씨와 여러분에게 고마운 마음을 전한다.

제1장 "기찻길 옆 오막살이"

출애굽기. 이스라엘 백성들이 애굽에서 나온 그 파란만장 우여곡절의 파노라마. 성경은 삶의 이야기이다. 하나님과 인간들이 엮어 가는 삶의 이야기. 그래서 성경을 읽으면서 우리는 하나님을 만나고 사람들을 만난다. 우리는 창세기를 읽으면서 삶을 시작하고 이어 가시는 하나님을 만났다. 그리고 하나님과 함께 삶을 시작하고 이어 간 사람들을 만났다. 믿음의 아버지인 아브라함, 이삭, 야곱, 요셉. 이들은 얼마나 위대한 인물들인가. 그런데 출애굽기를 읽으면서 우리는 구약성경에서 가장 위대한 일을 하신 하나님을 만난다. 그리고 구약성경에서 가장 위대한 일을 한 사람을 만난다. 출애굽기에서 신명기까지 하나님과 함께 새로운 삶을 만들어 가는 한 사람은 바로 모세이다. 기록의 분량으로도 엄청나다. 다윗에 대한 기록이 사무엘상하와 역대기상에 나오지만, 모세는 다윗을 능가한다.

1장은 모세가 등장하기 직전의 상황을 간략하면서도 정확하게 보여 준다. 1장의 문학적 완성도는 매우 탁월하다. 단락을 세 개(1~7절, 8~14절, 15~22절)로 나누고, 일반적인 상황에서 더 구체적인 상황으로 나아가면서 점층적인 효과를 일으킨다. 그리고 이스라엘 사람들이 겪는 어려움을 긴장감을 더해 가면서 기술함으로써, 독자들로 하여금 손에 땀을 쥐게 한다. 그런 다음 2장에 들어가면서 모세의 탄생에 집중한다.

1~7절은 이스라엘 사람들이 애굽에 몇 사람이나[5] 들어갔는지를 알려 준다. 70명이다. 가족으로 보면 많은 수이지만, 성경이 관심을 두는 이스라엘 민족 형성으로 보자면, 극소수이다. 그래서 신명기는 "우리 조상은 유리하는 아람 사람으로서 극소수 사람들이 애굽으로 내려갔다."고 말한다. 그런데 출애굽기 1장이 내미는 단어는 '번성'이다. 이스라엘 사람들이 놀랍게 증가했다는 것이다. 물론 요셉 시대부터 모세 시대까지 시간이 흘렀다. 특히 7절이 인상적이다.

> 이스라엘 자손은 생육하고(파루←파라) 불어나(와이이쉬레추←샤라츠>) 번성하고(와이이르부←라바) 매우[6] 강하여(와이야아체무←아참) 온 땅에 가득하게 되었더라(왓팀말레←말레)

요셉과 그 시대 사람들이 다 죽었지만, 이스라엘 사람들은 계속 수가 늘었다. 이 구절을 읽으면서, 독자들은 창세기 1장에 여러 번 나오는 구절을 떠올릴 것이다.

> 생육하고(퍼루←파라) 번성하여(러부←라바) 땅에 충만하라(밀러←말레)(창세기 1:22, 28).

---

5) 히브리어 원문에는 5절에 '네페쉬'를 사용하는데, 이 단어는 숨 쉬며 사는 생명력 있는 인간을 가리킨다.

6) 히브리어 원문에는 '매우'(머오드)를 두 번 반복한다. 그만큼 강조하는 것이다.

이 두 구절을 비교해 보자.

생육하고 번성하여 땅에 충만하라
생육하고 불어나 번성하고 매우 강하여 온 땅에 가득하게 되었더라

출애굽기 1:7은 기본적인 형태를 확장했다.[7] 그렇게 함으로써 이스라엘 사람들이 우리가 생각하는 이상으로 증가했고, 그들이 강력했으며, 당시 이집트에 영향력을 갖고 있었음을 짐작게 한다. 매우 긍정적이고 희망적인 분위기를 보여 준다.

그런데 이러한 분위기는 8절로 들어가면서 급작스럽게 변한다. 8절은 요셉을 알지 못하는 새 왕이 애굽을 다스렸다고 말한다.[8] 우리가 아는 대로 요셉은 얼마나 위대한 사람인가. 물론 많은 사람들이 요셉을 꿈꾸는 사람으로 오해해서, 요셉처럼 꿈을 꾸자고 선동하기도 하고, 요셉이 행한 토지의 국유화가 과연 바른 일이었는지 의문스럽지만, 아무튼 요셉이 대단한 사람이라는 것은 부인하기 어려울 듯하다. 그런 요셉을 아무리 세월이 흘렀다고 해도 다른 사람도 아닌 이집트의 바로가 모를 수 있단 말인가. 어쨌든 세월에 장사 없다고, 그 위대한 요셉도 결국 잊혔다. 본문기자도 6절에서 요셉과 그 시대 사람들이 다 죽었다고 말한다. 요셉은 이것을 미리 짐작했는지도 모른다. 그래서 세상을 떠나기 전 형제들을 불러다 놓고 이렇게 유언한다.

---

7) 창세기 1:22, 28 외에, 1:20, 9:1, 7, [17:2, 18:18, 28:14], 48:4도 비슷하다.

8) 이 왕은 19왕조의 람세스 2세(주전 1279~1213)를 가리키는 것으로 보인다.

> 나는 죽을 것이나 하나님이 당신들을 돌보시고 당신들을 이 땅에서 인도하여 내사 아브라함과 이삭과 야곱에게 맹세하신 땅에 이르게 하시리라(창 50:24)

요셉이 말하려는 것은 분명하다. 자신이 아무리 인간적으로 위대한 일을 했다고 해도, 결국 자신의 역사는 죽음으로 끝난다. 그러나 하나님은 살아계셔서 계속 역사하실 것이고, 결국 아브라함 때부터 약속하신 출애굽 사건을 일으키시고 이스라엘 국가를 이루게 하실 것이다.

요셉을 알지 못하는 그 왕에게 이스라엘 사람들이 수적으로 증가하는 것은 이스라엘 사람들이 생각하는 것과는 정반대 생각을 갖게 했다. 그를 비롯한 애굽 사람들은 극심한 위협을 느꼈다. 그래서 과장스럽긴 하지만, 그리고 그럴 리도 없었겠지만, 애굽 사람들은 이스라엘 사람들이 자신들보다 수가 더 많은(라브←라바) 것 같고 더 강한(아춤←아참) 것 같은 느낌을 갖고, 매우 불안해한다. 그런데 그들이 불안해하는 것을 보면, 조금은 이상한 것을 발견한다. 바로가 하는 말을 읽어 보자.

> 자, 우리가 그들에게 대하여 지혜롭게 하자 두렵건대 그들이 더 많게 되면 전쟁이 일어날 때에 우리 대적과 합하여 우리와 싸우고 이 땅에서 나갈까 하노라(10절)

이스라엘 사람들이 증가하는 것에 대해 어떤 대책을 세우는 것은 바로에게는 지극히 당연한 일이었을 것이다. 그가 염려하는 것은 두 가지인데, 하나는 이스라엘 사람들이 전쟁이 일어날 때 애굽을 돕지 않고 적군을 돕는다는 것이다. 이것은 성경을 읽는 독자들에게는 당연한 것으로 들리겠지만, 그렇게 단순하지 않다. 당시 이스라엘 사람들의 국적은 어디였을까? 애굽이다. 요셉은 히브리인이지만, 국적은 애굽이었다. 그리고 애굽의 총리대신으로서 애굽을 위해 온 생애를 바쳤다. 그러니 이스라엘 자손들 역시 국적은 애굽이었을 것이고, 애굽 백성으로서 행할 의무를 다했을 것이다. 그런데 이 바로는 왜 이스라엘 사람들이 반국가적인 행동을 할 것이라고 생각하는가? 그것은 그 다음 구절에서 확인할 수 있다. "이 땅에서 나갈까 하노라." 바로가 염려하는 둘째 문제는 이스라엘 사람들이 애굽에서 나간다는 것이다. 전쟁이 일어날 때 이스라엘 사람들이 애굽을 돕지 않고 적군을 돕는 반국가적 행동을 한다는 것도 이해하기는 어렵지만, 이스라엘 사람들이 애굽 백성이라고 해도 히브리인으로서 민족적 정체성을 유지했기 때문에, 어느 정도 가능성을 배제할 수 없다고 해도, 그들이 애굽에서 나가는 것을 염려하는 것은 이해하기 어렵다. 적군을 돕는 반국가적인 행동을 할 바에는 차라리 나가는 것이 낫지 않을까? 상식적으로 생각하기에는 이스라엘 사람들이 적군을 도와서 애굽을 장악하고 다스리는 것을 염려해야 하는 것 아닌가? 그런데 바로는 이스라엘 사람들이 애굽에서 나가는 것을 염려한다. 이것은 이스라엘 사람들이 애굽에서 나가면 안 되는 어떤 이유가 있기 때문이다. 이스라엘 사람들이 증가하는 것이 불안하기는 하지만, 그래도 그들을 애굽에서 내보낼 수 없는 어떤 이유가 분명히 있는 것이다. 여기서 우리가 짐작할 수 있는 것은 이렇다. 이스라엘 사람들이 요셉 이래로 몇백 년 동안 애굽에서 애굽 국민으로 살았음에도 불구하고 여전히 히브리인으로서 정체성을 유지하면서 자신들을 다른 사람들과 구별하고, 언젠

가는 하나님이 출애굽 사건을 일으키셔서 애굽에서 나갈 것임을 확신하고 그것을 다른 사람들에게도 말했다는 것이다. 이것은 창세기 12~50장에서 두드러지는 '출애굽 대망'과도 이어진다. 아브라함과 이삭 그리고 야곱과 요셉은 철저히 출애굽 신앙을 갖고 살았으며, 출애굽 사건을 대망하면서 살았다. 비록 그들 생애에 일어날 일은 아니지만, 하나님이 반드시 이스라엘 사람들을 출애굽시키시고 약속하신 땅에 이스라엘 국가를 세우실 것임을 확신했다. 그렇다면 문제는 '출애굽 의식'이다. 바로도 이것을 알았기 때문에, 이스라엘 사람들이 애굽에서 나가는 것을 염려한 것이다.

우리가 보기에도 바로는 쉽지 않은 문제로 골머리를 앓았을 것이다. 그래서 그가 취할 수 있는 방법은 무엇인가? 이스라엘 사람 문제를 그는 어떻게 해결할 것인가? 바로는 "지혜롭게 하자."고 말했지만, 결국 가장 우매한 정책을 펼치고 만다. 그것은 이스라엘 사람들을 괴롭히는 것이다. 그래서 이스라엘 사람들을 강제노역에 동원해서 비돔[9]과 라암셋[10]을 건설하게 한다(11절). 신도시 건설 사업에 이스라엘 사람들을 투입한 것이다. 그런데 그 일 자체가 힘들었겠지만, 이스라엘 사람들에게 일부러 어려운 일을 시킨 것으로 보인다. 바로와 애굽 사람들이 왜 그렇게 했는지 본문이 구체적으로 말하지는 않았지만, 우리가 상식적으로 짐작하기에는, 이스라엘 사람들을 노예집단으로 편성해서 감독을 세워 그들을 통제하게 하고, 중노동을 하게 함으

9) 비돔(Pithom)은 이집트어로 '피르-아툼'(Pir-Atum)인데, '아툼의 집'이라는 의미를 갖는다. 비돔은 시나이 반도에서 이집트로 들어가는 입구에 위치한다.

10) 라암셋(Rameses)은 나일 삼각주에 있는데, 19왕조의 수도였고, 20세기 왕조에서도 잠시 수도였던 곳이다.

로써 이스라엘 사람들이 자존감과 주체성을 갖지 못하게 하고, 그들이 염려하는 '딴 생각', 즉 출애굽에 대한 생각을 아예 할 겨를을 주지 않으려는 속셈이었던 것으로 보인다. 그러니 이스라엘 사람들이 견디기 어려운 중노동을 할 수밖에 없었다.[11)]

그런데 본문기자가 여기서도 주제어로 제시하는 단어는 '번성'이다. "그러나 학대를 받을수록 더욱 번성하여(이르베←라바) 퍼져나" 갔다(이프로츠←파라츠)(12절). 바로와 대신들이 모여서 대책을 세우느라 고민했지만, 그것이 통하지 않은 것이다. 그들이 이스라엘 사람들의 수적 증가를 막을 수 있는 가장 적합한 방법이라고 내놓은 것이 무용지물이 된 것이다. 이 구절을 읽는 유대인들은 정말 통쾌함을 느꼈을 것이다. 그리고 본문에는 그런 말이 없지만, 모든 것이 다 하나님이 하신 일이라고 고백했을 것이다.

일이 수포로 돌아가자, 바로와 애굽 사람들은 이스라엘 사람들로 인해서 '근심'했다(와이약쿠츠←쿠츠, 12절). 여기서 근심했다는 것은 거부감을 의미한다. 그리고 다시 모여서 대책회의를 했는데, 그들이 찾아낸 '지혜로운 대책'이라는 것이 이전에 내놓은 것과 전혀 다를 게 없었다. '앞으로 이스라엘 사람들을 더욱 괴롭게 한다'는 지극히 단순·무식·과격한 방식이었다.

11) 이것은 신명기 26장에서도 확인할 수 있다. "6 애굽 사람이 우리를 학대하며 우리를 괴롭히며 우리에게 중노동을 시키므로 7 우리가 우리 조상의 하나님 여호와께 부르짖었더니 여호와께서 우리 음성을 들으시고 우리의 고통과 신고와 압제를 보시고."

12 이스라엘 자손에게 일을 엄하게 시켜(베파레크←페레크) 13 어
려운 노동으로(바아보다 카샤) 그들의 생활을 괴롭게 하니(와여마
레루←마라) 곧 흙 이기기와 벽돌 굽기와 농사의 여러 가지 일이라
그 시키는 일이 모두 엄하였더라(베파레크)

여기서 사용하는 단어들, 특히 두 번 사용한 '페레크'는 폭력적인 중노동을 가리킨다.[12] 13절에서 열거한 중노동들을 통해서 애굽 사람들은 이스라엘 사람들을 살기 힘들게 만들었다. '마라'는 '쓰(라리)다'는 의미를 갖는데, 이 단어는 룻기에서 나오미가 고생고생하다 귀향해서 자기 이름을 '마라'라고 불러 달라는 하는 장면을 떠올리게 한다. 애굽 사람들은 이스라엘 사람들에게 인생의 쓴맛을 보여 주기 위해 무모한 노동을 강요했다.

그런데 이러한 우매함은 15절로 들어가면서 끔찍한 대책을 낳는다. 그들이 두 번째로 내놓은 방안 역시 별 효력이 없었던지, 애굽 왕은 이스라엘 사람들의 수적 증가를 억제하면서 그들을 애굽에 머무르게 할 수 있는 방법을 찾기 위해 계속 고민하다가, 드디어 최상의 대책을 발표한다. 그것은 이스라엘 사람들이 남자 아이를 낳으면 산파들로 하여금 바로 죽이게 하는 것이었다. 이것은 인류 역사상 유래를 찾아보기 어려운 일이다. 물론 헤롯이 예수를 제거하기 위해 예수가 태어난 지역 인근의 2살 미만 아이들을 모조리 학살했다는 이야기도 들었지만, 이스라엘 모든 가족을 대상으로 남아 출산 시 바로 죽이게 하는 것은 도를 넘는 잔인무도한 일임에 분명하다.

12) 페레크는 이 구절과 레위기 25장 43~46, 53절, 에스겔서 34:4에 나온다.

바로는 사람 목숨을 좌지우지하는 힘을 지닌 당시 절대지존이다. 그런데 8~14절을 읽으면서도 느끼는 것이지만, 그리고 앞으로도 더욱 분명하게 알 사실이지만, 바로는 매우 우둔하고 무능하기 짝이 없는 인물이다. 이것은 15절에 들어가면서 바로 드러난다. 15절을 보면, 애굽 왕이 산파들을 직접 불러서 엄하게 명령을 한다. 그런데 바로가 내린 이 지엄한 명령은 '그러나'라고 하는 접속사에 의해 뒤집어져서 아무런 효력을 갖지 못한다. 17절을 읽어 보자.

> 그러나 산파들이 하나님을 두려워하여 애굽 왕의 명령을 어기고 남자 아이들을 살렸지라

히브리 산파들은 바로를 두려워했겠지만, 바로보다 하나님을 더 두려워했다. 그래서 애굽 왕이 내린 명령을 어기고 남자 아이들을 살렸다. 정말 대단한 여인들이다. 그들은 죽음을 각오했을 것이다. 물론 바로가 추궁할 때 할 핑계를 준비했겠지만, 그것이 통할 리 없을 것이고, 그들은 아마 모진 고초를 당했을 것이다. 그것을 다 알았을 텐데, 그럼에도 불구하고 그들은 바로보다는 하나님을 더 두려워하고, 하나님 명령을 더 귀하게 여겼다. 이 얼마나 위대한 신앙인가. 이러한 사실만으로도 히브리 산파 십브라와 부아는 성경에 이름이 기록될 만한 충분한 자격을 갖춘 사람들이다. 바로가 이들에게 어떻게 했는지 알 수 없지만, 본문은 하나님이 이들에게 은혜를 베푸셨다고 말한다. 하나님이 그들을 인정하셨다는 것이다. 본문기자는 그들이 하나님을 경외했기 때문에 그들 집안이 흥왕했다고 증언한다(21절).

여기서 우리가 주목할 단어는 역시 '번성'이다. 이스라엘 사람들은 번성하고(와이에레브←라바) 더욱 강해졌다(와이야아체무←아참)(20절). 바로가 특별히 세운 대책 역시 아무런 성과를 거두지 못했다. "기찻길 옆 오막살이 아기 아기 잘도 잔다"를 떠올리게 한다. 아무리 괴롭히고 아무리 잔인하게 대해도 이스라엘 사람들은 굴하지 않았고, 수도 줄지 않았으며, 오히려 더욱 번성했으니, 이 얼마나 놀라운 일인가. 독자들은 본문을 읽으면서 이 모든 일이 다 하나님이 함께하셨기 때문이라고 고백할 것이다.

그러나 그렇다고 해서 이스라엘 사람들이 겪은 고초가 별 게 아니었다고 말할 수는 없다. 바로와 애굽 사람들이 몇 차례 대책 회의를 했고 그들이 세운 대책이 갈수록 강력하고 엄격해졌기 때문에, 그만큼 이스라엘 사람들이 고초를 당했을 것은 명약관화하다. 우리는 하나님이 역사하셔서 바로의 지혜를 무용지물로 만든 것에 너무 빠져서 이스라엘 사람들이 당한 어려움을 간과하지 말아야 한다. 그들은 여전히 어려운 형편에 놓여 있었고, 그 어려움은 갈수록 심해졌기 때문이다. 22절을 보면, '그러므로'라는 접속사에서 알 수 있듯이, 바로는 자신이 세운 대책들이 아무런 효과를 일으키지 못하자, 다시 대책을 세운다. 이제는 산파들이 아니라, 이스라엘 모든 사람들에게 지시한다. "아들이 태어나거든 너희들은 그를 나일 강에 던지고 딸이거든 살려두라." 바로는 여전히 단순·무식·과격하다. 잠언에 의하면, 그는 우매한 자의 전형이다. 하나님을 경외하는 산파들로 인해 한숨을 돌렸던 이스라엘 사람들은 더욱 강력해진 바로의 명령으로 인해 빠져나오기 힘든 궁지에 몰리게 되었다. 그들이 이 어려움을 어떻게 이겨

내고 궁지에서 빠져나올 것인가? 그리고 하나님은 이스라엘 사람들을 어떻게 도우시고, 그들을 출애굽시키실 것인가? 어떻게든 이스라엘 사람들의 출애굽을 지지하려는 바로와 그들을 결국 출애굽시키실 하나님 사이의 한판 대결은 그 흥미진진함을 더해 간다.

제2장 파란만장(波瀾萬丈) 모세, 그리고 하나님의 기억

1장은 산파들을 통해서 남자 아이를 살해하려던 계획이 수포로 돌아간 다음, 바로가 이스라엘 사람들에게 남자 아이를 낳으면 나일 강에 던지라고 명령하는 것으로 끝난다. 상황은 더욱 악해진다. 이스라엘 사람들은 결혼하고 자식을 낳는 일이 참으로 부담스러웠을 것이다. 자식을 낳아야 하는데, 남자 아이이면 바로 나일 강에 던져서 죽여야 하기 때문이다. 설마 그랬을까 생각하겠지만, 2장을 읽어 보면, 이스라엘 사람들이 태어난 남자 아이를 나일 강에 던져서 죽일 수밖에 없었던 것으로 보인다. 그러니 산모를 비롯해서 온 가족이 얼마나 애간장을 졸였겠는가? 피투성이 아이를 강물에 던져야 하는 것이 얼마나 고통스러운 일이었을까? 그런데 바로는 왜 남자 아이를 바로 죽이라고 하지 않고, 나일 강에 던지라고 했을까?

당시 애굽에 살던 이스라엘 사람들이 처한 상황을 전반적으로 묘사하던 본문기자는 2장에 들어서면서 이야기를 보다 구체적으로 하기 시작한다. 한 가족에게 초점을 맞춘다. 레위 지파에 속한 청춘 남녀가 결혼을 한다.[13)] 그리고 자식을 낳는다. 아들을 낳으면 바로 나일 강에 던져야 하는 그 묵시적인 상황에서 그들은 아들을 낳는다. 물론

이 아들이 첫째 아이는 아니다. 2장을 읽어 보면, 누나 미리암도 있고 형 아론도 있기 때문이다. 이미 태어난 남자 아이들을 죽이라고 하지는 않은 것으로 보인다. 모세를 낳은 그 부부는 그 아이를 차마 죽이지 못하고 석 달 동안 숨겨 키웠다. 성경은 "그가 잘생긴 것을 보고 석 달 동안 그를 숨겼"다고 말한다. 모세 부모가 모세를 차마 죽이지 못한 까닭은 그가 잘생겼기 때문이라는 것이다. 잘생기지 않았다면, 모세를 나일 강에 버렸을 텐데, 인물이 좋아서 석 달 동안 집에서 몰래 키웠다는 것이다. 그러나 여기서 '잘생겼다'는 것은 히브리어로 '보기에 좋았다'(키-토브 후)는 것이다. 물론 잘생긴 것으로 번역할 수도 있겠지만, 부모 입장에서는 어느 자식인들 예쁘지 않겠는가. 그래서 일반적인 것으로 받아들이는 것이 좋겠다. 지나치게 외모에 집착하지 말라는 것이다. 그리고 모세 부모만 그랬겠는가? 당시에 많은 부모들이 그렇게 했을 것이다. 아들을 낳아서 몰래 키우다가 붙들려 가는 사람들이 한둘이었겠는가.

모세 부모는 더 이상 아들을 키울 수 없게 되자, 그를 나일 강에 버리기로 한다. 그런데 나일 강에 버리는 방식이 특별하다. 갈대 상자를 특별 방수 처리한 다음, 모세를 거기에 넣고 나일 강 갈대 사이에 둔 것이다. 그리고 누나 미리암으로 하여금 지켜보게 한다. 여기서 우리가 짐작할 수 있는 것은 모세 부모뿐만 아니고, 당시 이스라엘 사람들이 태어난 아들을 나일 강에 버릴 때, 갈대 상자에 넣어서 버렸을 가능성이 크다는 것이다.

---

13) 여기서는 부부 이름을 밝히지 않는데, 출 6:20에 의하면, 남편은 아므람이고, 아내는 그의 고모인 요게벳이다.

그런데 그곳으로 바로의 딸이 시녀들을 데리고 목욕하러 나왔다. 나일 강에 아이를 버리라고 했으니까, 나일 강에는 아이들 시체가 떠다녔을지도 모르는데, 그런 곳에 바로의 딸이 목욕을 하러 나왔다는 것 자체가 의문이다. 목욕을 하려면 궁중에서 하는 것이 더 나을 텐데, 굳이 나일 강까지 나오는 까닭이 무엇일까? 어쨌든 바로의 딸이 목욕을 하는 동안 시녀들은 나일 강가를 거닐었다. 바로의 딸은 목욕을 하다가 갈대 상자를 발견한다. 그래서 시녀들을 불러서 그것을 가져오게 하여 열어 본다. 거기에 아이가 있는데, 그 아이가 운다. 아이 울음소리를 듣고 바로의 딸은 그 아이를 불쌍히 여긴다. 그녀는 그 아이가 히브리 사람의 아이라는 것을 금방 알아챘다. 그녀는 사태를 다 알고 있었을 것이다. 그런데도 그 아이를 버려두지 않는다. 아마 "이대로 죽게 버려둘 순 없다."는 심정으로 아이를 가슴에 안았는지 모르겠다. 그 광경을 모세의 누이가 계속 지켜보고 있다. 모세의 누이는 바로의 딸에게로 다가간다. 그리고 바로의 딸에게 히브리인 유모를 데려오겠다고 말한다. 이 구절은 바로의 딸이 모세를 죽게 버려두지 않고 자신이 키우겠다고 결심한 것을 모세의 누이가 알았기 때문임을 알려 준다. 바로의 딸은 미리암에게 히브리인 유모를 데려오게 하고, 미리암은 집으로 달려가서 모세의 어머니를 바로의 딸에게 데려온다. 그런데 특이한 것은 바로의 딸이 모세를 집으로 데려간 게 아니라는 사실이다. 모세의 어머니에게 삯을 주고 모세를 집으로 데려가서 모세에게 젖을 먹이게 한다. 그리고 모세가 젖을 뗄 때, 모세를 바로의 딸에게로 데려가자, 그때에 모세를 그녀의 아들로 삼고, 이름을 모세라고 짓는다(10절). 그러니까 모세는 어린 시절을 자신의 집에서 친부모와 형제자매들과 함께 생활한 것이다. 어린 시절을 생가에서 지내면서, 모세가 어떤 교육을 받았는지는 모르겠다. 그리고 바로의 딸이 왜 모세를 궁전으로 데려가지 않았는지도 모르겠다. 그리고 그렇게 자란 아이를 나중에 궁전으로 데려가서 바로 딸의 아이로 삼는 것이 가능했을까? 여러 가지 궁금한 점들이 많지만, 시원하게 해결할 수 있는 것은 아무것도 없다. 그저 추측할 뿐이다.

출애굽기 2:1－10에는 여러 사람들이 등장하는데, 본문기자는 그들의 이름을 밝히지 않는다. 그냥 레위 가족 중 한 사람, 레위 여자, 그의 누이, 바로의 딸이라고 부른다. 그러다가 10절에서 '모세'라는 이름이 나온다. 모세라는 이름은 바로의 딸이 지어 준 이름이다. 그녀가 아이 이름을 모세라고 지은 까닭은 그를 물에서 건져 내었기 때문이다. 이렇게 이름을 짓고 그 이름을 지은 연유를 밝히는 것은 성경에서 자주 볼 수 있는 장면이다.

그리고 세월은 흐른다. 그사이 이스라엘 사람들이 어떻게 지내는지 알 수 없다. 본문은 모세에게 초점을 맞춘다. 모세가 궁전에 들어온 지 꽤 시간이 흘렀다. 그래서 모세는 이제 청년이 되었다. 하루는 모세가 이스라엘 사람들이 일하는 곳에 가서 그들이 얼마나 고되게 일하는지를 살피다가, 어떤 애굽 사람이 히브리인을 치는 것을 보고, 그 애굽 사람을 죽이고 시체를 모래 속에 묻었다. 여기서 본문기자는 독자들이 모세와 히브리 사람들이 어떤 관계인지를 알게 하는 데 힘을 기울인다. 11절을 읽어 보자.

> 모세가 장성한 후에 한번은 자기 형제들에게 나가서 그들이 고되게 노동하는 것을(베시벨로탐←세벨) 보더니 어떤 애굽 사람이 한 히브리 사람 곧 자기 형제를 치는 것을 본지라

여기서 보는 대로, 본문기자는 모세와 히브리 사람들이 어떤 관계인지를 밝히기 위해 애쓴다. 이 구절은 모세가 자신의 정체성을 이미 알고 있었음을 보여 준다. 자신이 히브리인이라는 사실을 알고 있었던 것이다. 그 다음 날 모세가 공사장에 다시 나갔는데, 이때는 두 히브리 사람들이 싸우고 있었다. 그 장면을 목격한 모세는 싸움을 말리려고 한다. 모세는 자초지종을 듣고, 잘못한 사람을 책망한다. 하지만 그는 모세의 권위를 인정하지 않고, 자기 잘못도 시인하지 않는다. 오히려 모세가 어제 애굽 사람을 죽인 사실을 언급하면서 모세를 협박한다.

그 히브리 사람이 하는 말(14절)을 다시 읽어 보자.

> 누가 너를 우리를 다스리는 자와 재판관으로 삼았느냐?
> 네가 애굽 사람을 죽인 것처럼 나도 죽이려느냐?

그 히브리인은 두 가지를 말하는데, 모세는 히브리인들이 인정할 만한 아무런 공식적인 권위를 갖고 있지 않다는 것이고, 모세가 자기 형제인 히브리인을 위해 애굽 사람을 죽인 것을 히브리 사람마저 탐탁하게 여기지 않는다는 것이다. 모세는 자신이 히브리 사람이라는 것을 알았고, 그래서 히브리인을 사랑하는 마음에 애굽 사람을 죽인 것인데, 정작 히브리 사람들은 자신을 형제로 여기지 않을 뿐만 아니라, 그가 애굽의 왕자라는 것도 인정하지 않고 대들고 협박까지 하는

것이다. 모세는 그 사람이 하는 말을 듣고 자신이 아무것도 아니라는 사실을 깨달았을 것이다. 그리고 자신은 애굽 사람도 아니고 히브리 사람도 아니라는 사실을 깨달았을 것이다. 누구도 그를 도와주지 않을 것이라는 사실도 알았다. 그래서 모세는 두려워한다. 자신이 형제라고 생각했던 히브리 사람들은 그를 도와주고 보호해 주기는커녕 오히려 애굽 사람 죽인 것을 폭로하겠다는 식으로 그를 협박까지 하는 것이다. 그리고 그 사실이 바로에게 알려져서 바로는 모세를 체포해서 처형하라고 명령한다. 진퇴양난(進退兩難). 이제 모세는 애굽 사람으로도 살 수 없고, 히브리인으로도 살 수 없는 처지가 되었다. 모세는 이런 결과를 전혀 상상하지 못했을 것이다. 그래서 그가 택한 방법은 애굽을 떠나는 것이었다. 그는 미디안으로 간다. 미디안이 목적지가 아니고, 바로의 추격을 피하기 위해 어디든 갔는데, 그곳이 미디안이었던 것이다.

그는 미디안에 머물면서 여기저기를 배회했을 것이다. 그러다가 어느 날 한 마을에 들어가서, 우물 곁에 앉아 있었다. '우물가의 여인'이 아니라 '우물가의 모세'이다. 모세가 우물가에 앉았다는 것은 한낮에 우물로 물 길러 온 사마리아 여인이 실제로는 영적으로 목말라했던 것처럼, 우물가에 앉아 있는 모세도 무엇인가에 목말라하고 있었음을 보여 준다. 모세의 목마름.

그런데 본문기자는 여기서 갑작스럽게 미디안의 제사장에게 딸이 일곱이 있다는 이야기를 한다(16절). 미디안의 한 딸부잣집 이야기이다. 미디안 제사장에게 딸이 일곱이 있다는 이 엉뚱한 말돌림이 "최

진사 댁에 딸이 셋 있다."는 것으로 시작하는 노래처럼, 그리고 그 노래의 결말처럼, 결혼 이야기로 이어질 것을 눈치 빠른 독자들은 알아차렸을 것이다. 모세가 우물가에 앉아 있는데, 미디안 제사장의 일곱 딸들이 물을 긷기 위해, 그리고 양들에게 물을 먹이기 위해 그곳에 온다. 그런데 그곳 목자들이 그녀들을 방해한다. 그런데 18절("그들이 그들의 아버지 르우엘에게 이를 때에 아버지가 이르되 너희가 오늘은 어찌하여 이같이 속히 돌아오느냐")을 보면, 그런 일이 매일 일어났던 모양이다. 지금도 그렇지만 남자들이 여자를 얼마나 무시하고 못살게 구는가. 물론 그 이면에는 여자들에게 잘 보이고 싶은 마음도 있지만, 여자를 무시하는 성향이 강한 것도 부인할 수 없다. 이것을 지켜보던 모세가 그들을 내치고 그녀들이 물을 긷고 양들에게 물을 먹일 수 있게 도와준다. 그런데 19절을 보면, 모세가 목자들을 내치고 그녀들로 하여금 물을 긷고 양들에게 물을 먹일 수 있게 해 주었을 뿐만 아니라, 모세 자신이 직접 양들에게 물을 먹였다는 것을 알 수 있다. 얼마나 멋진 로맨틱 가이인가. 그리고 이 이야기야 말로 결혼 이야기의 전형적이고 고전적인 장면이다. 불량배들이 나타나서 여자를 괴롭히면, 백마 탄 왕자가 나타나서 그들을 물리치고 여자를 구해준다. 그리고 두 사람은 사랑에 빠져서 결혼하고, 자식들 많이 낳고 행복하게 산다. 모세도 이 전형적인 이야기 순서를 따른다.

> 그녀들은 물을 긷고 양들에게 물을 먹인 다음, 집으로 돌아간다. 그리고 아버지에게 일어난 일의 자초지종을 이야기한다. 그런데 그들은 모세를 '애굽 사람'이라고 한다. "한 애굽 사람이 우리를 목자들의 손에서 건져내고(핫칠라누←나찰) 우리를 위하여 물을 길어 양 떼에 먹였나이다."(19절)[14]

이야기를 들은 미디안 제사장 르우엘은 모세를 그냥 두고 온 딸들을 야단친다. 그리고 모세를 데려와서 음식을 대접하라고 말한다. 초청을 받은 모세는 르우엘의 집에 와서 식사를 하고, 그들과 함께 거한다. 여기서 우리가 짐작할 수 있는 것은 르우엘이 딸부자였기 때문에 모세를 아들로 삼고 싶었을 것이라는 점이다. 그래서 모세를 아들로 삼고 싶었을 것이다. 르우엘은 그런 제안을 모세에게 했을 것이고, 정처 없이 떠돌아야 할 모세는 그 청을 받아들여서 르우엘의 집에 거하기로 했을 것이다. 르우엘은 모세와 딸 십보라를 결혼케 해서, 모세가 미디안에 정착하게 한다. 드디어 모세는 가정을 꾸리고, 자식을 낳는다. 모세는 첫째 아들 이름을 '게르솜'이라고 짓는데, 그 뜻은 "내가 타국에서 나그네가 되었음이라"이다. 이것은 정처 없는 떠돌이로 살아야 하는 자신의 신세를 잘 표현한 이름이다.

우리가 출애굽기 2장을 읽으면서 느끼는 것은 본문기자가 사람들 이름에 많은 의미를 부여한다는 것이다. 본문기자는 이야기를 전개하면서 가능하면 인명을 밝히지 않는다. 출애굽기 2장에 나오는 이름은 모세, 르우엘, 십보라 그리고 게르솜이다. 나머지 사람들은 이름을 밝히지 않는다.

이렇게 모세가 미디안에 정착하는 이야기를 들려준 다음, 본문기자는 또 이야기를 돌려서 애굽 상황을 우리에게 전해 준다(23~25절). 몇 해가 지나자, 요셉을 알지 못하고 또 그렇게 우매하고 고집스럽게

14) 이것은 모세가 앞으로 할 일을 상징적으로 보여 주는데, 모세는 이스라엘 사람들을 구하고, 그리고 물이 없어 목말라하는 사람들에게 물을 마시게 해 준다.

이스라엘 사람들을 대하던 애굽 왕이 드디어 죽었다. 그러나 그 왕이 죽은 다음에도 이스라엘 사람들은 중노동에서 벗어나지 못했다. 오히려 더 심해졌는지 모르겠다. 극심하고 가혹한 노동으로 인해, 이스라엘 사람들은 고통을 겪어야 했고, 도무지 그 고통을 견디기 어려워서 신음할 수밖에 없었다. 본문이 구체적으로 밝히지 않지만, 우리는 이 기간이 하루 이틀이나 일이 년이 아니라는 사실을 안다. 40년. 모세가 애굽을 떠난 이후 40년이 지나는 동안, 이스라엘은 극심한 강제노역에 신음해야 했다. 23~25절을 읽어 보자.

> 23 여러 해 후에 애굽 왕은 죽었고 이스라엘 자손은 고된 노동으로 말미암아 탄식하며(와이예아너후←아나흐) 부르짖으니(와이이즈아쿠←자아크) 그 고된 노동으로 말미암아 부르짖는 소리(샤웨아탐←세와)가 하나님께 상달된지라 24 하나님이 그들의 고통 소리(나아카탐←네아카)를 들으시고 하나님이 아브라함과 이삭과 야곱에게 세운 그의 언약을 기억하사(와이이즈코르←자카르) 25 하나님이 이스라엘 자손을 돌보셨고(와이야르←라아) 하나님이 그들을 기억하셨더라(와이예다←야다)

그런데 놀라운 사실은 그들이 내뱉는 신음소리를 하나님이 들으셨다는 것이다(24절). 하나님은 그들이 부르짖는 고통 소리를 들으셨다. 그리고 거기에 응답하신다. 하나님은 아브라함과 이삭과 야곱에게 세운 그의 언약을 기억하셨다. 아브라함과 이삭과 야곱의 하나님. 이 하나님은 아브라함 시대에는 아브라함과 함께하시고, 이삭 시대에는 이삭과 함께하시고, 야곱 시대에는 야곱과 함께하시는 하나님이시다. 그리고 이제 모세 시대에는 모세와 함께하신다. 하나님은 아브라함과 이삭과 야곱에게 약속하셨다. 그들에게 땅과 후손을 주셔서 큰 민족을 만들게 하시겠다고 약속하셨다. 땅 없이 떠도는 그들에게 땅을 주시겠다고 약속하셨고, 자식이 없어서 늘 불안해하던 그들에게 하늘의 별만큼 바다의 모래만큼 많은 후손을 주시겠다고 약속하셨다. 현실적으로 판단하면, 도무지 이해할 수 없는 일이지만, 밤이 늦도록 잠 못 들던 아브라함은 밤하늘의 별들을 보면서, 하나님이 그에게 하신 약속을 믿는다. 하나님은 창세기 15장에서 이미 아브라함에게 약속하셨다. 아브라함의 후손들이 애굽에 들어가서 400년 동안 종살이할 것을 말씀하셨고, 그들이 애굽에서 나와 나라를 만들 것임도 알려 주셨다. 땅도 없고 후손도 없이 불안하게 살아야 했던 아브라함은 하나님이 들려주시는 그 허황한 말씀을 듣고 그 약속을 신뢰했다. 그것은 바로 출애굽의 믿음이다. 하나님이 아브라함과 이삭과 야곱에게 약속하신 일, 큰 민족을 이루는 일은 출애굽과 더불어 시작하고 이루어질 것이기 때문이다.

하나님은 아브라함과 이삭과 야곱에게 하신 언약을 기억하셨다(와이이즈코르←자카르, 24절). 그리고 아무도 돌볼 이 없는 이스라엘 사람들을 돌아보시고, 그들을 기억하셨다. 하나님의 기억. 이것은 매우 중요하다. 하나님의 기억은 새로운 일을 만들어 낸다. 하나님의 기억은 이제 출애굽이라는 놀라운 역사를 이뤄 낼 것이다. 그래서 하나님이 기억하신다는 것은, 하나님의 신이 수면 위에 운행하면서 놀라운 창조의 역사를 이뤄 낸 것처럼, 새로운 역사의 시발점이다. 그래서 하나님의 기억이 중요하다.

제3장 "모세야! 모세야!"

출애굽기 3장은 하나님이 모세를 부르시는 장면을 상세하게 기록한다. 2장에서 3장으로 넘어오는 사이에, 3장 1절 앞 구절에서 뒤 구절로 넘어가는 사이에 40년이 흐른다. '속절없다'는 표현이 잘 맞는 듯하다. 아무런 대책도 없이, 희망도 없고 돕는 손길도 없이 그저 흐르는 세월에 내맡길 수밖에 없는 상황. 모세가 떠난 애굽 땅에서 히브리인들은 여전히 강제노역에 시달린다. 40년, 한 세대가 지나가고, 강산이 몇 번 변하고 세상이 네 번이나 바뀌는데도 히브리인들은 대를 이어 강제노역에 시달려야 했다. 아무도 모세를 기억하는 사람은 없었을 것이다. 그런데 하나님이 모세를 기억한다. 히브리인들을 기억하신 하나님은 모세도 기억하신다.

우리는 본문을 읽으면서, 모세가 부름 받는 장면을 속으로 그려 본다. 1절을 보면, 모세는 미디안에 정착한 이후, 장인의 양을 쳤다. 그는 목자였다. 양들을 이끌고 이곳저곳으로 다녔을 것이다. 양을 친다고 하면, 푸른 초장에서 자유롭게 풀을 뜯는 호주 목장이나, 아니면 우리나라 대관령목장이나 삼양목장을 생각하겠지만, 당시 목자는 고생스러웠을 것이다. 넓은 풀밭을 만들어 놓고 거기에 '이드로 목장'이라고 이름 붙이고 방목하는 게 아니었기 때문이다. 끊임없이 풀을 찾아다녀야 했을 것이다. 40년 동안 안 가본 데가 없을 정도로 모세는 양 떼와 함께 걷고 또 걸었을 것이다. 그 지역 지리는 눈을 감아도 훤할 정도였을 것이다. 그러다가 서편에 있는 산으로 간다. 본문기자는 이 산을 '하나님의 산 호렙'이라고 부른다. '하나님의 산 호렙' 하면 엘리야가 이세벨을 피해 40주야 동안 은밀하게 도망쳐 간 곳이다. 그 산을 이스라엘 사람들은 '하나님의 산'(하르 하엘로힘)[15]이라고 불렀다. 그러나 그때까지 그 산은 이스라엘에게 있어서 하나님의 산이 아니었다. 이제부터 그 산은 하나님의 산이 된다. 하나님이 모세 앞에 나타나셔서 모세를 부르시는 그 순간, 아니 모세가 하나님으로부터 히브리 백성을 애굽에서 구출하라는 감당하기 어려운 사명을 받고 그 무거운 짐을 할 수 없이 짊어지는 그 순간, 그 산은 이스라엘 역사에서 '하나님의 산'으로 바뀐다. 사람들이 스쳐 지나가는 그 산이 이스라엘에게 '성산'(聖山)이 된 것이다.

모세가 그 산으로 간 것은 하나님을 만나기 위해서가 아닐 것이다. 그리고 모세가 그곳에 한 번 간 것도 아닐 것이다. 모세가 그곳에 갔다면, 다른 목자들도 그곳에 갔을 것이다. 지난 40년 동안, 아니 그보다 더 오랜 세월 동안, 많은 사람들이 그곳을 지났을 것이다. 여행하면서 지나는 사람들도 있었을 것이고, 모세처럼 양 떼를 먹이기 위해 그곳에 온 사람들도 있었을 것이다. 그런데 지난 40년 동안, 아니 그보다 더 오랜 세월 동안, 그곳에서는 아무런 일도 일어나지 않았다.

15) 주전 14세기 이집트 비문에 의하면, 그 산은 '야웨를 섬기는 유목민들의 땅'으로 불렸다.

호렙이 하나님의 산인 까닭은 그곳에 하나님이 계시기 때문이 아니다. 하나님은 호렙에 머물지 않는다. 하나님은 어디에 머무시는 분이 아니다. 2절 앞 구절을 잘 읽어 보자.

> 여호와의 사자가 떨기나무 가운데로부터 불꽃 안에서 그에게 나타나시니라

여기서 '여호와의 사자'를 천사로 생각할 필요는 없다. 그냥 하나님이 나타나신 것으로 이해하면 좋을 것이다. 하나님은 다양한 것들을 통해서 우리에게 자신을 알리신다. 그런데 우리는 이 구절을 읽으면서, 하나님이 마치 어딘가에 계시다가 이때 모세에게 모습을 드러내신 것처럼 생각하기 쉽다. 그래서 우리에게 그림을 그리라고 하면, 어느 산 중턱 불붙은 떨기나무 가운데에 하나님이 앉아 계시는 장면을 그릴 것이다. 그리고 이 하나님 앞에 모세가 서 있게 그림을 그릴 것이다. 그러나 그렇지 않다. 실제로 모세는 홀로 서 있을 뿐이다. 이 사건은 많은 사람들이 모여서 떠들썩한 상태에서 일어날 수 있는 일이 아니다. 하나님이 나타나셨다는 것은 하나님이 모세 앞에 모습을 드러내셨다는 것이 아니고, 하나님이 역사하셨다는 것이다. 하나님이 어떤 일을 일으키셨다는 것이다. 호렙산이 하나님의 산으로 불리는 까닭은 하나님이 그곳에서 일으키신 사건 때문이다. 만약 하나님이 그곳에 머무르시거나 그곳에서 모습을 드러내셨다면, 모세는 바로 하나님을 만나야 한다. 그런데 2절 뒤 구절을 보면, 그렇지 않다는 것을 알 수 있다.

그가 보니 떨기나무에 불이 붙었으나 그 떨기나무가 사라지지 아니하는지라

그가 본 것은 불붙은 떨기나무이다. 떨기나무에 불이 붙는 것은 흔하지는 않아도 간혹 있는 일일 것이다. 그런데 모세가 발견한 특이한 사실은 떨기나무에 불이 붙었는데도 떨기나무가 타지 않고 그대로 있다는 것이다. 떨기나무가 주목을 받는 까닭은 바로 이것 때문이다. 메마른 나무에 불이 붙었을 텐데, 그럼에도 불구하고 그 나무는 타지 않았다. 그냥 불길만 타오를 뿐이다. 불이 붙었는데도 타지 않는 떨기나무. 그래서 이 떨기나무는 모세를 붙든다.

우리는 모세가 속으로 하는 말을 듣는다. 3절을 읽어 보자.

이에 모세가 이르되 내가 돌이켜 가서 이 큰 광경(함마르에 학가돌 핫제)을 보리라 떨기나무가 어찌하여 타지 아니하는고 하나 그때에

불이 붙었는데도 타지 않는 메마른 떨기나무는 무엇을 가리키는 것일까? 그것은 타오르는 불같은 고난을 당하면서도 사그라지지 않는 히브리인들을 의미하는 것은 아닐까? 어쨌든 모세는 나무 자체보다는 나무가 타지 않는 것에 주목한다. 왜 타지 않는 것일까? 이것은 상식을 초월하는 일('큰 광경')이기 때문이다. 그냥 '별일도 다 있네' 하면서 지나칠 수도 있었겠지만, 모세는 거기에 사로잡혔다. 그것은 모세에게 '신비'(神秘)였다. '신비'는 불가사의하고 오묘한 것을 가리키는데, 영어 '미스터리'에서는 경험할 수 없는 의미를 갖는다. 신비, 즉 신의 비밀. 그것은 모세에게 신의 비밀을 알려 주는 열쇠였다.

우리는 이 장면을 제3자로서 지켜본다. 우리는 모세가 서 있는 곳에서 모세의 시선을 따라서 불붙는 떨기나무를 본다. 그러면서 우리도 모세처럼 속으로 말한다. 왜 나무가 타지 않는가? 이렇게 모세가 서 있는 곳에서 떨기나무를 보는 우리는 모세와 동일한 궁금증을 갖고, 신비에 다가간다.

그러다가 4절을 읽으면서, 우리는 떨기나무 쪽에서 모세를 바라본다. 하나님은 모세가 떨기나무로 오는 것을 보셨다. 우리도 모세가 떨기나무로 다가오는 것을 지켜본다. 하나님은 모세를 부르신다. 이 얼마나 가슴 떨리는 순간인가. 우리는 이 이야기를 다 알고 있지만, 들은 이야기를 또 들어도 가슴이 떨리는 아이들처럼, 이 장면을 읽을 때마다 긴장하지 않을 수 없다.

"모세야 모세야"

이 두 번의 부르심. 이것이 역사를 바꿔 놓는다. 이것이야말로 진정한 형이상학(形而上學)이다. 사건의 형이상학 시뮬라크르(simulacre). 이 사건은 유일회적이어서 반복할 수 없지만, 그래서 다른 것보다 더 큰 의미를 갖는다. 모세를 사로잡은 그 큰 광경은 모세를 신비로 인도하고, 하나님이 그를 부르시는 음성을 듣게 한다. 모세야 모세야. 40년 동안 잊힌 이름. 그 이름을 하나님이 다시 꺼내시는 것이다. 모세라는 이름이 갖는 의미를 우리는 안다. 그 이름을 누가 지었는지도 안다. 애굽 공주가 지었다. 물에서 건져 낸 아이라고. 이 이름이 얼마나 심오한 의미를 갖는지는 이름을 짓는 사람도, 모세 자신도 몰랐을 것이다. 하나님이 그의 이름을 부르기 전까지는. 그런데 이런 부름은 일상적인 것과는 분명 달랐을 것이다. 우리는 하나님이 모세 앞에 나타나셔서 이름을 부른 것으로 생각하기 쉽지만, 실상 이 일은 모세 내면에서 발생하는 일이기 때문이다. 하나님이 우리 앞에 나타나셔서 우리 이름을 부른다면, 우리는 하나님께 확실하게 대답할 것이다. 그러나 하나님은 그렇게 나타나시지는 않는다. 그렇기에 하나님이 부르시는 음성도 듣기 어렵지만, 하나님께 대답하기도 어렵다. 하나님이 부르시는 소리를 듣고 응답하기 위해서는 영적인 감수성이 필요하다. 모세는 하나님의 부름에 응답한다. "내가 여기 있나이다." 모세가 이렇게 대답함으로써, 하나님과 모세는 로그인(login)을 하고, 서로 커뮤니케이션을 한다.

그런데 모세를 부르신 하나님이 모세에게 하시는 말씀이 우리를 의아하게 한다. 하나님이 모세에게 하신 첫마디는 "이리로 가까이 오지 말라."는 것이다. 우리가 다 아는 대로, 이제 하나님이 모세에게 중차대한 사명을 부여할 순간인데, 사극을 보더라도 이런 장면에서는 더 가까이 오게 하는데, 하나님은 모세에게 가까이 오지 말라고 하는 것이다. 그리고 상식적으로 생각해 봐도, 이제 하나님과 모세가 처음 만나는 역사적인 순간이기 때문에, 하나님이 모세에게 자신을 소개하는 것이 당연해 보이는데, 하나님은 그런 절차를 아예 무시하는 것처럼 보인다. 하나님이 자기소개를 하는 것은 다음 구절, 즉 6절에 나온다. 그리고 13절과 16절에 나오는데, 모세가 하나님이 어떤 분인지를 물어서 거기에 답하신다. 이렇게 하나님은 일반적인 만남에는 어울리지 않는 화법을 사용하신다. 그런데 왜 그렇게 말씀하셨을까? 그 다음 구절을 보면, 하나님이 모세에게 그렇게 말씀하시는 까닭을 알 수 있다. "네가 선 곳은 거룩한 땅이니 네 발에서 신을 벗으라." 5절을 4절과 연결시켜서 읽으면, 이 구절들이 말하려는 의미를 찾을 수 있을 것이다. 4절을 보면, 하나님이 모세를 부르시는데, 그냥 "모세야" 하고 부르시지 않고 "모세야 모세야"라고 부르신다. 이것은 하나님이 모리아산에서 아브라함을 부르실 때 "아브라함아 아브라함아"라고 부르시는 것과 같은 경우인데, 뭔가 급한 느낌을 받는다. 모세도 하나님이 자기 이름을 연거푸 부르시는 것을 들으면서 어떤 다급함을 느꼈을 것이다. 하나님이 모세를 다급하게 부르신 까닭은 6절에서 드러난다. 하나님은 모세와 일정한 거리를 갖기를 원하신다. 하나님은 모세에게 신비로 다가옴을 허용하면서도 일정한 거리를 두기를 원하신다. 그렇게 함으로써 신비는 여전히 신비로 남게 한다. 그래서 하나님은 모세를 하나님께 다가오게 하면서도 지나치게 가까이 오는 것을 금지하신다. 불타는 떨기나무의 한계는 여기까지이다. 불타는 떨기나무는 모세로 하여금 하나님께 나아가게 유인하는 미끼였을 뿐이다. 우리는 더 이상 불타는 떨기나무를 신비롭게 여기지 않는다. 그 나무는 더 이상 우리 관심사가 아니다. 우리는 떨기나무를 보는 대신, 하나님 음성을 듣고 거기에 응답해야 한다.

하나님은 모세에게 중요한 사실을 알려 주신다. 모세가 서 있는 그 곳이 거룩한 땅이라는 것이다. 그래서 그곳에서는 신발을 벗어야 한다는 사실도 알려 주신다. 모세는 하나님이 말씀하시기 전까지는 그 곳을 전혀 거룩한 곳이라고 생각하지 않았을 것이고, 신발을 벗어야 할 만큼 지엄한 곳이라고는 꿈에도 몰랐을 것이다.

하나님은 모세가 하나님께 너무 가까이 다가오는 것을 제지한 다음, 비로소 자신이 누구인지를 밝히신다(6절).

> 나는 네 조상의 하나님이니 아브라함의 하나님, 이삭의 하나님, 야곱의 하나님이라

하나님은 자신을 '조상의 하나님'(엘로헤 아비카)이라고 말한다. 이것은 역사의 하나님이라는 것이다. '아브라함의 하나님, 이삭의 하나님, 야곱의 하나님'을 우리 주님은 '산 자의 하나님'으로 이해하신다. '조상의 하나님'이라고 하면 얼핏 '죽은 자의 하나님' 또는 '과거의 하나님'으로 생각하기 쉬운데, 결코 그런 의미를 갖지 않는다. 하나님은 대대로 역사하시는 하나님임을 우리에게 알려 준다. 하나님은 아브라함 시대에는 아브라함과 더불어, 이삭의 시대에는 이삭과 더불어, 그리고 야곱의 시대에는 야곱과 더불어 역사하신 하나님이라는 것이다. 조상 대대로 지금까지 역사를 주관하신 하나님이라는 것이다. 이 말씀을 듣고 모세는 "하나님 뵈옵기를 두려워하여 얼굴을 가"린다. 조상들의 하나님. 모세를 비롯한 히브리인들이 지난 40년 동안 얼마나 뵙기를 원했던 하나님일까. 그런데 그 하나님을 만난 모세는 기뻐하고 감격하기는커녕 하나님 뵙기를 두려워해서 얼굴을 가린다(6절).[16] 이 무슨 해괴망측한 일인가. 이 구절이 우리에게 가르쳐 주는 것은 하나님은 우리가 경외할 분이라는 사실이다.

7절에서 10절까지 하나님이 상당히 길게 말씀하시는데, 여기서 하

---

16) 히브리어 원문을 직역하면, '얼굴을 감추었다'이다.

나님은 같은 이야기를 반복하신다. 이것은 하나님이 그것을 얼마나 중요하게 여기는지를 보여 준다. 하나님은 히브리인들이 애굽에서 얼마나 고생하고 있는지 아신다는 점을 명확히 밝히시고, 그들을 출애굽시켜서 젖과 꿀[17]이 흐르는 땅으로 인도하시겠다는 강한 의지를 표명하신다. 하나님은 히브리인들이 애굽에서 고생하는 것을 목격하시고 또 그 부르짖는 소리도 들으셨다고 말하신다. 그리고 그 일을 위해 모세를 부르셨다고 말씀하신다.

이 엄청난 이야기를 듣고 모세는 자신이 그런 일을 감당할 만한 사람이 아니라고 말한다(11절). 그러나 하나님은 자신의 뜻을 모세를 통해서 반드시 이루실 것임을 분명하게 말씀하신다. 자신이 어떤 존재인지에 대해 회의적인 모세는 이제 하나님이 어떤 분인지 묻는다(13절). 그리고 모세는 자신도 자신이지만, 애굽에서 고생하는 히브리인들이 하나님 이름을 궁금해한다는 사실을 언급한다. 자신이 애굽에 가서 그들에게 자신이 호렙에서 만난 하나님에 대해 이야기하면, 그 하나님 이름이 무엇인지를 반드시 물어볼 텐데, 뭐라고 대답해야 하느냐는 것이다. 모세나 히브리인들은 하나님이 어떤 분인지에 관심이 많다. 어찌 보면 하나님이 추궁당하는 듯하다. 그런데 하나님 이름을 추궁하는 것은 신학적으로 매우 중요하다. 하나님도 이것을 불쾌하게 여기지 않으시고, 14절[18]과 15절에서 자신이 누구신지를 거듭 밝히시는 열심을 보이신다. 하나님은 특히 15절에서 6절을 되풀이하신다.

---

17) 젖과 꿀은 풍요로운 땅을 상징하는 은유적 표현인데, 여기서 '꿀'은 벌꿀이 아니고, 과일 시럽을 가리킨다.

18) 14절에서 하나님은 자신을 '스스로 있는 자'(에흐예 아쉐르 에흐예. 하나님이 스스로 존재한다는 것보다 하나님이 역사하심으로 스스로를 입증하시는 분이라는 뜻으로 이해하는 것이 좋겠다.)라고 밝히시는데, '에흐예 아쉐르 에흐예'를 줄여서 '에흐예'〈אֶהְיֶה〉로 칭하신다.

하나님이 또 모세에게 이르시되 너는 이스라엘 자손에게 이같이 이르기를 너희 조상의 하나님 여호와 곧 아브라함의 하나님, 이삭의 하나님, 야곱의 하나님께서 나를 너희에게 보내셨다 하라 이는 나의 영원한 이름이요 대대로 기억할 나의 칭호니라

이렇게 이름을 강조하신 하나님은 모세에게 행동지침을 알려 주시고, 앞으로 일이 어떻게 진행될 것인지도 알려 주신다. 이것은 하나님이 출애굽 사건에 대단히 신중하게 접근하신다는 것을 보여 준다. 하나님은 결코 우발적으로 일을 하시지 않는다. 지나치리만큼 신중하게 일하신다. 이런 신중함은 출애굽하는 과정이 그리 순탄치 않을 것이라고 모세에게 말씀하시는 것에서도 나타난다. 이렇게 함으로써 하나님은 모세와 히브리인들이 자칫 낭만적인 현실인식을 함으로써 일을 그르칠 것을 염려하셨다.

그러나 하나님이 부정적으로만 말씀하시지는 않는다. 21절과 22절을 보면, 하나님은 히브리인들이 출애굽할 때 빈손으로 나오지 않고, 애굽인들이 주는 패물과 의복으로 아름답게 꾸미고 나올 것이라고 말한다.[19] 애굽 사람들과 히브리인들이 원수처럼 헤어지는 것이 아니라는 것이다.

그런데 여기서 우리가 주목할 것은 출애굽하는 목적이다. 18절을 읽어 보자.

그들이 네 말을 들으리니 너는 그들의 장로들과 함께 애굽 왕에게

19) 이것은 신 15:13-14를 연상케 하는데, 이 구절에 의하면, 육 년 동안 일한 노예를 집에서 내보낼 때는 빈손으로 보내지 말고, 살림을 차릴 만큼 챙겨 보내야 한다.

이르기를 히브리 사람의 하나님 여호와께서 우리에게 임하셨은즉 우리가 우리 하나님 여호와께 제사를 드리려 하오니 사흘길쯤 광야로 가도록 허락하소서 하라

히브리인들이 애굽에서 나가야 하는 이유는 신앙적이다. 애굽 왕이 히브리인들을 출애굽시켜야 할 이유는 히브리인들로 하여금 자기 하나님께 제사 드리게 하기 위해서이다. 이것은 매우 중요한 언급이다. 하나님은 히브리인들에게 하나님에게 제사 드릴 것을 명령하시는데, 애굽 왕에게 출애굽을 요청하게 함으로써, 애굽 왕도 거기서 벗어나지 못하게 하신다. 애굽 왕이 출애굽을 허락하지 않으면, 그것은 하나님 말씀을 거역하는 것이고, 히브리인들로 하여금 하나님 말씀을 준행하지 못하게 하는 이중적 거역행위이기 때문이다.

제4장 모세, 결단하다

하나님은 모세에게 3장 끝부분에서 다소 어려움은 있겠지만, 히브리인들이 결국 풍성하고 아름다운 모습으로 출애굽할 것이라고 말씀하셨다. 그런데 모세는 걱정이 많다. 그래서 하나님이 하시는 말씀이 귀에 들어오지 않는다. 출애굽하는 장면까지 생각할 심적인 여유가 없다. 모세가 걱정하는 것은 애굽에 사는 히브리인들이 모세가 하는 말을 믿지 않고, 모세를 사기꾼 취급할지도 모른다는 점이다. 모세는 자신이 애굽으로 돌아가서 히브리인들을 만나서 하나님이 들려주신 이야기를 들려줄 때, 그들이 어떤 반응을 보일 것인지 너무나 잘 알았다. 그들은 모세를 보고 분명 이렇게 말할 것이다. "여호와께서 네게 나타나지 아니하셨다." 한마디로 히브리인들이 모세를 신뢰하지 않고 모세(의 권위)를 인정하지도 않는다는 것이다. 그러면 모세는 어떻게 될 것인가? 모세는 그 결과를 생각하기조차 싫었을 것이다. 결말은 참으로 비참할 것이다.

자신이 당한 비극적인 결말을 미리 내다보면서, 모세는 한 걸음 더 물러났을 것이다. 그러자 하나님은 모세에게 확신을 주기 위해서, 그리고 모세가 히브리인들에게 권위를 인정받고 신뢰를 얻게 하기 위해서, 세 가지를 일러 주신다. 첫째는 지팡이를 땅에 던지면 뱀이 되고, 다시 잡으면 지팡이가 되는 마술이다. 둘째는 손을 품에 넣으면 피부병에 걸렸다가, 다시 품에 넣으면 깨끗해지는 마술이다. 하나님은 모세가 히브리인들의 신뢰를 얻을 수 있는 두 가지 방법을 알려 주신다. 이렇게 방법을 알려 주시는 것은 하나님도 모세가 히브리인들의 신뢰를 얻지 못할 것을 짐작하셨기 때문이다. 그리고 방법을 두 가지나 알려 주시는 것은 신뢰를 얻으려는 것이 결코 쉽지 않다는 것도 아셨기 때문이다. 그런데 하나님은 두 가지 방법 외에 셋째 방법을 알려 주시는데, 이렇게 말씀하신다. 9절 앞부분을 읽어 보자.

> 그들이 이 두 이적을 믿지 아니하며 네 말을 듣지 아니하거든

하나님은 최악의 경우도 예상하신다. 두 가지 표징을 보여 주어도 히브리인들이 모세를 신뢰하지 않고 그가 하는 모든 말을 거짓으로 여겨서 모세를 내치려고 할 때, 셋째 방법을 사용하라는 것이다. 이것은 모세가 히브리인들에게 신뢰를 얻는 일이 얼마나 어려운지를 보여 준다. 셋째 방법은 나일 강 물을 길어다가 땅에 부으면 피가 되는 이적이다.

하나님이 이렇게 셋째 방법까지 일러 주신 것은 모세가 히브리인들의 신뢰를 얻는 것이 그만큼 어렵다는 것을 보여 준다. 하나님 자신도 그게 어려운 일이라는 것을 충분히 아신다. 그런데 하나님이 셋째 방법까지 알려 주신 것은 모세가 하나님 말씀을 신뢰하지 않기 때문이라는 점이 문제다. 첫째 이적을 일러 주어도 모세는 시큰둥하다. 자신이 그런 것으로 히브리인들의 신뢰를 얻을 수 있으리라는 확신

이 전혀 안 든 것이다. 그러자 하나님이 머쓱해져서 둘째 방법을 제안한다. 모세는 둘째 방법도 탐탁찮게 생각한다. 이러니 하나님 체면이 말이 아니다. 그래서 하나님은 셋째 방법을 제안하신다. 이렇게 하나님이 모세를 설득했으면, 모세가 하나님 체면을 봐서라도 그 방법들을 수용하고, "일단 가서 한번 해 보겠다."고 말할 만한데, 모세는 그렇게 예의가 바르지 않다.

모세는 이렇게 말한다. 10절을 읽어 보자.

> 모세가 여호와께 아뢰되 오 주여 나는 본래 말을 잘하지 못하는 자니이다 주께서 주의 종에게 명령하신 후에도 역시 그러하니 나는 입이 뻣뻣하고 혀가 둔한 자니이다

정말 모세는 하나님 기운을 쏙 빼는 말만 골라서 한다. 모세가 하는 말은 이렇다. 우선 모세는 자신이 태어날 때부터 말을 잘하지 못하는 사람이라는 것을 밝힌다. 그런 사람에게 히브리인들을 설득하게 하는 일을 맡기는 것 자체가 어불성설이라는 것이다. 그런데 모세가 말을 잘 못하는 것은 하나님도 어떻게 할 수 없다는 것이다. 하나님이 명령하신 이후에도 달라진 것은 하나도 없다. 모세는 여전히 말을 잘 못한다. 모든 게 아무런 소용이 없다는 것이다. 이것이야말로 하나님을 완전 허탈하게 만드는 결정타이다. 하나님 꼴이 정말 우습게 되었다. 모세는 하나님이 하시는 말씀을 거절할 뿐만 아니라, 하나님 말씀을 신뢰하지 않는다. 그러면서 자신이 히브리인들에게 신뢰를 얻지 못할 것을 걱정한다. 백약이 무용지물이다. 그런데 이런 한심한 모세를 설득하기 위해 우리 하나님은 자존심을 버리고, 체면 구겨지는 것

도 마다하지 않으신다.

하나님은 다시 모세 설득 작전에 나선다. 11절과 12절에서 하나님은 자신이 창조주라는 사실을 모세에게 알려 주시고, “이제 가라 내가 네 입과 함께 있어서 할 말을 가르치리라.”고 말씀하신다. 그런데 하나님이 이렇게까지 말씀하셨는데도 모세는 하나님 말씀을 받아들이지 않는다. 하나님 입만 아프게 하는 꼴이다. 말이 안 통해도 이렇게 안 통할 수가 없을 것이다. 모세는 하나님이 그렇게 말씀하시는데도 불구하고 이렇게 말한다. 13절을 읽어 보자.

> 오 주여 보낼 만한 자를 보내소서

보낼 만한 사람을 보내라는 것은 자신은 절대 보낼 만한 사람이 아니라는 것이다. 하나님이 사람 선택을 잘못하셨다는 것이다. 하나님이 여러 가지를 통해서 모세를 설득하고 모세에게 힘을 불어넣어 주려고 하시는데, 모세는 한마디로 그 모든 노력을 다 수포로 돌아가게 했다.

이쯤 되면 하나님이 화를 내실 만하다. 세상에 이런 벽창호 같은 녀석이 다 있나. 하나님이 히브리인들을 설득하고 그들에게 신뢰를 줄 수 있는 방법을 다 알려 주셨는데도 불구하고, 그리고 하나님이 직접 모세에게 할 말을 알려 주겠다고 하는데도 불구하고, 모세는 하나님 말씀을 전혀 믿으려 하지 않고, 받아들이려 하지 않는다. 그래서 하나님은 화를 내셨다. 그런데 화를 내시면서 하나님이 하시는 말씀을 살펴보면, 하나님이 진짜로 화를 내신 것 같지는 않다. 14절에서 17절까지 읽어 보자.

> 14 여호와께서 모세를 향하여 노하여 이르시되 레위 사람 네 형 아론이 있지 아니하냐 그가 말 잘 하는 것을 내가 아노라 그가 너를 만나러 나오나니 그가 너를 볼 때에 그의 마음에 기쁨이 있을 것이라 15 너는 그에게 말하고 그의 입에 할 말을 주라 내가 네 입과 그의 입에 함께 있어서 너희들이 행할 일을 가르치리라 16 그가 너를 대신하여 백성에게 말할 것이니 그는 네 입을 대신할 것이요 너는 그에게 하나님 같이 되리라 17 너는 이 지팡이를 손에 잡고 이것으로 이적을 행할지니라

하나님은 모세에게 형 아론을 대변자로 삼으라고 말씀하신다. 왜 모세는 이런 생각을 하지 못했을까? 함께 자랐던 형 아론이 말을 지혜롭게 잘한다는 사실을 왜 떠올리지 못했을까? 모세는 왜 자신만 생각했을까? 다른 사람들과 함께 할 생각을 왜 못 했을까? 그런데 14절에서 17절을 읽어 보면, 모세가 여전히 고민하는 문제가 있다는 것을 알 수 있다. 하나님은 아론을 대변자로 삼으라고 알려 주시면서, 아론이 모세를 기뻐하고, 모세는 아론에게 하나님같이 될 것이라고 말씀하신다. 하나님이 이 말씀을 공연히 하시지는 않았을 것이고, 모세의 마음속 짐을 덜어 주시려는 배려인 듯하다. 모세는 형을 비롯해서 다른 사람들과 함께 일할 자신이 없었던 것이다. 40년 동안 미디안에서 양을 치면서도, 모세는 동족인 히브리인으로부터 비난을 받고 생명의 위협을 느껴 애굽에서 도망하던 때를 잊을 수 없었던 듯하다. 하나님이 말씀하신 출애굽을 이뤄 내기 위해서는 탁월한 지도력을 가져야 하는데, 모세는 그럴 자신이 없었던 듯하다. 하나님은 이런 모세의 마

음을 아시고, 모세에게 지도자로서 필요한 권위를 갖게 해 주시겠다는 것이다. 그래서 사람들로 하여금 모세를 존중하고, 마치 하나님을 섬기는 것처럼 모세를 따르고, 그래서 기쁜 마음으로 함께 일하게 해 주시겠다는 것이다. 하나님은 아론으로 하여금 모세가 하려는 말을 백성들에게 바르고 효과적으로 전달하는 역할을 맡게 하시는데, 모세에게는 "지팡이를 손에 들고 이적을 행하라."고 말씀하신다. 모세를 사람들 위에 세우시고, 놀라운 역사를 일으키게 하시겠다는 것이다. 물론 그것은 모세 자신의 일이 아니고 하나님이 오래전부터 계획하신 하나님의 일이다. 모세는 그 일을 수행하는 '하나님의 종'일 따름이다.

모세는 하나님과 긴 대화를 나눈 다음, 확신과 자신을 갖게 된 것으로 보인다. 그는 결단을 한다. 그리고 바로 행동에 옮긴다. 그는 집으로 돌아가서 장인에게 자초지종을 이야기했을 것이다. 그리고 애굽에 있는 형제들에게 돌아가서 그들이 잘 있는지를 살펴보겠다고 말한다. 이것이 무엇을 의미하는지 이드로는 잘 알았을 것이다. 아마 이드로는 모세를 집에 들이고 사위로 삼던 날부터, 이런 날이 있을 것이라고 예견했을 것이다. 이드로는 모세를 붙들지 않고 "평안히 가라"고 작별인사를 한다(18절).

하나님이 하신 말씀을 따르겠다고 결단한 모세는 죽음을 각오하고 애굽으로 가려 했을 것이다. 그게 큰 부담이었을 것이다. 그런데 하나님은 이렇게 말씀하신다. "애굽으로 돌아가라. 네 목숨을 노리던 자들이 다 죽었느니라."(19절) 하나님은 정말 적절한 순간에 가장 적합한 말씀을 하신다. 이 말씀을 듣고 모세 마음이 얼마나 가벼워졌을 것인지 짐작할 수 있다. 앞으로 어려운 일들이 많겠지만, 그래도 자신을 죽이려고 했던 사람들이 다 세상을 떠났다는 게 다행스러운 일이었을 것이다. 그래서 모세는 한결 가벼운 마음으로 십을 떠나 애굽으로 돌아가는 여정을 시작했을 것이다.

모세는 아내와 아들들을 데리고 애굽으로 돌아간다. 모세는 '하나님의 지팡이'를 손에 잡았다. 이 하나님의 지팡이는 모세에게 큰 힘과 위로를 주었을 것이다. 그래서 그가 겪을 수많은 어려움들을 이기게 해 줄 것이다. 그리고 무엇보다 모세가 하는 일이 모세 자신의 일이 아니라 하나님의 일이라는 사실을 항상 일깨워 줄 것이다.

하나님의 섬세함은 계속 이어진다. 하나님은 모세에게 앞으로 될 일들을 또 말씀하신다. 바로가 완악해서 이스라엘 백성들이 출애굽하는 일이 그리 쉽지 않겠지만, 반드시 출애굽시킬 것을 모세에게 확언하신다. 하나님은 이스라엘 백성이 하나님의 장자라고 말씀하신다. 이스라엘 백성이 하나님의 아들이라는 것이다. 그래서 만약 바로가 하나님의 아들, 하나님의 장자인 이스라엘 백성을 출애굽시키지 않으면, 하나님은 바로의 장자를 죽이겠다고 하신다. 그리고 그 말을 바로에게 하라고 말씀하신다. 여기서 우리는 하나님의 강력한 의지를 확인할 수 있다. 하나님은 일을 이루시는 분이다. 그래서 아무리 어려워도 출애굽 역사는 반드시 일어날 것이고, 이스라엘 백성들은 애굽에서 나와 젖과 꿀이 흐르는 땅으로 들어가서 거기서 하나님께 제사를 드릴 것이다.

24절에서 26절은 약간 느닷없는 느낌을 갖게 한다. 23절은 27절로 이어지는 것이 자연스러운 글 흐름이다. 모세가 애굽으로 가서 아론을 만나는 것이 글 전개상 자연스럽다. 그런데 24절에서 26절이 이 흐름을 끊어 놓는다. 그래서 글 읽기가 자연스럽지 않고, 상당히 부자연스럽다. 24절에서 26절에 언급한 사건 역시 이해하기 쉽지 않다. 모세 일가족이 애굽으로 가는 도중에 어느 곳에서 장막을 치고 머무는데, 여호와께서 거기서 모세를 죽이려고 하신다. 그러자 아내인 십보라가 돌칼을 가져다가 아들의 양피를 베어서 모세 발 앞에 가져다 놓고, "당신은 참으로 내게 피남편이다."고 말한다. 그러자 하나님은 모세를 놓아 준다. 그리고 서술자는 십보라가 모세를 '피남편'이라고 한 까닭이 할례 때문이라고 설명한다.

우리는 어떤 일이 일어났는지는 정확하게 알지 못한다. 분명한 사실은 모세가 생명이 위험한 상황에 처했고, 십보라가 아들 양피를 베어서 모세 발 앞에 놓자 모세가 위급한 상황에서 벗어날 수 있었다는 것이다. 모세는 십보라 덕분에 목숨을 건졌다. 우리는 십보라가 어떻게 그 위기 상황을 넘길 수 있는 비방(秘方)을 알았는지 알 수 없다. 어쨌든 십보라는 매우 위급한 상황에서 지혜롭게 처신함으로써, 그 상황을 넘기고 남편의 생명을 구했다.

어쩌면 본문기자는 여기서 '할례'에 대한 이야기를 하고 싶었는지 모른다. 모세는 어렸을 때 할례를 받았을지도 모르지만, 아들들에게 할례를 하지는 않았을 것이다.

모세는 애굽에 가기 전부터 죽을 고비를 넘긴 것이다. 정작 애굽에는 그동안 모세를 찾아서 죽이려고 하던 사람들이 모두 죽었다는데, 모세는 애굽에 들어가기 전에 죽을 지경에 처한 것이다. 하지만 아내의 기지로 죽을 고비를 넘기고, 기력을 되찾은 모세는 다시 애굽으로 향한다. 이 과정을 통해서 모세는 마음을 더 다잡았는지도 모르겠다.

모세는 '하나님의 산'에 도착한다. 이곳에 다시 돌아온 모세는 감회가 깊었을 것이다. 그리고 그곳에서 아론을 만난다. '하나님의 산'은 만남의 산이다. 그런데 이 과정도 하나님이 주관하신다. 아론이 모세를 만나러 그곳까지 오는데, 본문기자는 하나님이 아론에게 "광야에 가서 모세를 맞으라."고 말씀하셨음을 우리에게 알려 준다. 하나님은 이렇게 섬세하게 배려하신다.

이렇게 아론을 만난 모세는 하나님의 산에서 아론과 더불어 긴 대화를 나누었을 것이다. 지난 40년 동안 어떻게 살았는지 서로 이야기하느라 뜬눈으로 밤을 지새웠을 것이다. 그런데 본문기자는 그들이 나눈 대화에 대해 이렇게 말한다. 28절을 읽어 보자.

> 모세가 여호와께서 자기에게 분부하여 보내신 모든 말씀과 여호와께서 자기에게 명령하신 모든 이적을 아론에게 알리니라.

모세와 아론이 지난 세월 이야기를 안 했을 리 없지만, 본문기자는 그것에는 관심이 없다. 오직 하나님이 하시는 일에 관심을 가질 뿐이다.

앞으로 할 일에 대해서 충분한 대화를 나눈 모세와 아론은 함께 애굽으로 돌아간다. 그리고 바로 이스라엘의 장로들을 소집한다. 모세는 40년 만에 애굽에 돌아와서 동족들을 정식으로 만난다. 많은 세월이 흘렀기 때문에, 모세를 기억하는 사람들이 거의 없었을 것이다. 그런데 이스라엘 자손들, 특히 장로들은 모세를 반갑게 맞이한다. 모세는 그들에게 하나님이 하신 말씀을 전하고 이적을 행한다. 그러자 백성들은 모세와 아론을 신뢰하고, 그들이 하는 말을 믿는다. 그리고 하나님이 이스라엘 자손을 찾으시고 그들의 고난을 살피셨다는 말을 듣고 머리를 숙여 여호와를 경배한다(31절).

이스라엘 자손들이 모세와 아론을 높이지 않고 하나님을 경배했다는 것은 중요한 의미를 갖는다. 이것은 모세와 아론이 자신들을 높이지 않고, 모든 것을 하나님께 돌렸기 때문이다. 출애굽을 자신들의 일이 아니라, 하나님의 일로 알렸기 때문이다. 그리고 출애굽의 목적은 하나님을 경배하는 것이다. 이것을 모세는 잘 알았다. 이렇게 출애굽 사건은 이스라엘 자손들이 머리 숙여 하나님을 경배하는 것으로 시작한다.

제5장 엉뚱한 결과

모세는 애굽으로 돌아가서 이스라엘 장로들과 백성들을 만나서 자초지종을 이야기한다. 그런 다음, 모세와 아론은 바로를 찾아간다. 그리고 이렇게 말한다. "이스라엘의 하나님 여호와께서 이렇게 말씀하시기를 내 백성을 보내라 그러면 그들이 광야에서 내 앞에 절기를 지킬 것이니라."(1절)

모세는 비로에게 하나님 말씀을 전한다. 모세는 하나님이 명령하신 대로 한다. 그분은 이스라엘의 하나님 여호와이다. 하나님이 바로에게 하시는 말씀은 '내 백성을 보내라'는 것이다. '내 백성'(암미)이라는 말이 대단히 의미심장하다. 이스라엘은 누구인가? 하나님은 이스라엘 사람들을 하나님 백성이라고 부른다. 하나님이 이스라엘 백성의 정체성을 밝히신다는 점에서 이것은 특별한 의미를 갖는다. 당시 애굽에서 종살이하던 이스라엘 사람들은 자신들이 누구인지에 대해 불명확한 생각을 했을 것이다. 하나님은 이스라엘 백성들을 하나님 백성이라고 당당하게 밝히신다. 이스라엘은 바로의 백성이 아니고, 하나님 백성이라는 것이다. 그리고 그 하나님은 이스라엘의 하나님 여호와이다. 그러니 하나님은 이스라엘의 하나님이시고, 이스라엘은 하나님의 백성임을 명확히 밝혀 준다. 하나님은 누구이고 이스라엘은 누구인가, 하나님과 이스라엘은 어떤 관계인가를 알려 준다. 이것은 매우 중요한 의미를 갖는다. 내 백성이라고 하시는 말씀에서 하나님이 이스라엘 백성들을 얼마나 특별하게 여기셨는지 알 수 있다. 내 백성이라는 이 말이 매우 인상적으로 들린다.

그런데 이 말이 바로에게는 거슬렸을 것이다. 바로는 이스라엘 사람들을 제 백성이라고 생각했을 것이고, 그래서 이스라엘 백성들은 바로의 명령에 복종해야 한다고 생각했을 것이기 때문이다. 그러나 이스라엘은 바로의 백성이 아니고 하나님의 백성이기 때문에, 바로의 명령에 복종할 필요가 없고, 하나님 명령에 따라야 한다는 것이다. 그러니 바로가 이 말을 듣고 달가워했을 리 없다.

하나님은 바로에게 하나님 백성을 내보내라고 말씀하신다. 그런데 이스라엘 사람들이 애굽에서 나가야 하는 까닭은 무엇일까? 하나님은 그 이유를 밝히신다. 하나님은 이스라엘 백성들에게 광야에 나가서 하나님 앞에 절기를 지키라고 명령하시는데, 그 명령을 따르기 위해서 이스라엘 사람들은 애굽에서 나가야 하는 것이다. 그러니 애굽에서 나가는 것이 목적이 아니고, 하나님 앞에서 절기를 지키는 것이 목적이다.

그런데 이스라엘 사람들이 하나님 앞에서 절기를 지킨다는 것은 하나님을 신으로 섬긴다는 것이고, 다른 나라 사람들과 달리 한 신만 섬기는 이스라엘 사람들에게는 하나님만이 신이었고, 그래서 그들은 하나님만을 섬겼다.

이 말을 들은 바로는 어떤 반응을 보이는가? 모세로부터 하나님 말씀을 들은 다음, 바로는 "여호와 하나님이 누구이기에"로 말을 시작한다(2절). 도대체 여호와가 누구인가? 바로는 여호와 하나님을 완전히 무시한다. 여호와 하나님은 바로에게 아무것도 아니라는 것이다. 그래서 바로는 여호와 하나님이 하시는 말씀을 따를 필요도 없다는 것이다. "내가 그의 목소리를 듣고 이스라엘을 내보내겠느냐?" 바로는 하나님을 신으로 인정할 수 없고, 그래서 여호와가 하신 말씀을 무시해 버리는 것이다. 그리고 다시 이렇게 말한다. "나는 여호와를 알지 못하니 이스라엘을 보내지 아니하리라." 바로는 자신이 여호와를 알지 못한다고 명확하게 말한다. 이것은 여호와를 인정하지 않겠다는 말이기도 하다. 그래서 여호와가 하신 말씀을 따르지 않겠다고 한다.

하나님은 이스라엘 사람들을 내 백성, 즉 하나님의 백성이라고 하시고, 자신은 이스라엘의 하나님 여호와라고 하신다. 그러나 바로는 이스라엘 사람들이 바로의 백성이기 때문에 그들을 내보낼 수 없다고 하는 것이다.

바로가 하나님 말씀을 받아들이려 하지 않자, 모세와 아론은 다시 이렇게 말한다. "히브리인의 하나님이 우리에게 나타나셨은즉 우리가 광야로 사흘 길을 가서 우리 하나님 여호와께 제사를 드리려 하오니 가도록 허락하소서 여호와께서 전염병이나 칼로 우리를 치실까 두려워하나이다."(3절) 3절은 1절과 같은 내용이지만, 더 자세하다. 그리고 1절은 하나님이 바로에게 하시는 말씀을 모세와 아론이 직접화법으로 바로에게 전달하는 형식인데, 3절은 모세와 아론이 바로에게 하는 말이라는 점에서 다르다. 모세와 아론은 바로에게 이렇게 말한다. "우리 하나님이 우리에게 나타나셨다. (그분이 우리에게 명령하셨으니) 우리로 광야에 나가서 우리 하나님에게 제사를 드리게 해 달라. 만약 그렇게 하지 않으면 하나님이 전염병이나 칼로 우리를 치실 것이다."

모세와 아론은 하나님을 히브리인의 하나님, 즉 그들의 하나님이라고 부르고, 또 '우리 하나님'이라고 한다. 여기서도 모세와 아론은 하나님이 누구인지를 밝히는 데 주력한다. 그 히브리인의 하나님이 애굽에 있는 히브리인들에게 나타나셨다. 그리고 히브리인들은 그들의 하나님을 애굽 땅에서 만났다. 하나님은 그의 백성들이 그에게 제사 드리기를 원하신다. 제사 드리는 것은 하나님을 섬기는 백성으로서 당연히 해야 할 일이다. 만약 하나님께 제사 드리지 않는다면, 이것은 하나님을 섬기지 않는 것이다. 그런데 하나님은 자신의 백성들이 애굽땅에서 자기에게 제사 드리는 것을 원치 않으신다. 광야로 나가서 거기서 제사 드리기를 원하신다. 하나님은 자기 백성을 광야에서 만나기를 원하신다.

모세와 아론이 이렇게 바로에게 상세하게 이야기를 했는데도 불구하고, 바로는 그 말을 받아들이지 않는다. 바로('애굽 왕')는 이렇게 말한다. "모세와 아론아 너희가 어찌하여 백성들의 **노역**을 쉬게 하려느냐 가서 너희의 노역이나 하라."(4절) 여기서 우리는 바로가 무엇에 관심을 갖고 있는지 알 수 있다. 바로는 노역(勞役), 즉 '일'에만 관심이 있다. 그래서 어떻게 하면 이스라엘 사람들을 쉬지 않고 일을 시킬 것인지만 생각한다. 그러니 모세와 아론이 와서 이스라엘 사람들을 애굽에서 나가게 해 달라고 했을 때, 바로는 현재 자신이 추진하는 일들이 중단될 것을 염려하는 것이다. 4절에서 뒤에 나오는 '노역'은 히브리어로 '세발로트'인데, 이 단어는 출애굽기 1:11, 2:11에 이미 나왔고, 5:4, 5, 6:6, 7에도 나오는데, 중노동을 가리킨다.

그런데 바로가 모세와 아론에게 "가서 너희의 노역이나 하라."고 말하는 것은 이중적인 의미를 갖는 아이러니이다. 바로는 모세와 아론도 이스라엘 사람들처럼 벽돌 만드는 일을 하라는 뜻으로 말한 것 같은데, 모세와 아론이 해야 할 노역은 하나님께 제사 드리기 위해 이스라엘 사람들을 애굽에서 내보내는 일이기 때문에, "가서 너희의 노역이나 하라."는 것은 그 일을 열심히 하라는 것이어서, 바로가 한 말은 이중적인 의미를 갖는 아이러니이다. 이러한 아이러니는 바로를 매우 우스꽝스럽게 만든다. 바로는 출애굽을 저지하기 위해 안간힘을 쓰는데, 자신의 완악함으로 인해 하나님이 여러 이적들을 일으키시고, 그래서 결국 자신이 출애굽을 위대한 사건으로 만드는 데 큰 역할을 하기 때문이다.

하나님도 이스라엘을 자기 백성으로 여기시고 바로도 이스라엘을 제 백성이라고 생각한다. 바로는 이스라엘 사람들을 '백성'이라고 부른다(4, 5, 7절). 그런데 백성들에게 요구하는 것은 다르다. 하나님은 이스라엘 백성들에게 제사를 요구하시고, 바로는 그들에게 중노동을 요구한다.

4절에 이어서 5절은 바로가 자신이 추진하는 일이 모세와 아론에 의해 중지될 것을 염려하는 모습을 보여 준다. 그런 다음 바로는 일이 중단되지 않게 하기 위해서 즉각 비상조치를 취한다. 그는 감독과 기록원들을 소집해서 그들에게 명령한다. 이제부터는 백성들에게 짚을 주지 말라는 것이다. 그리고 벽돌 개수는 동일하게 하라는 것이다. 이러한 조치가 매우 강도 높은 노동을 요구하는 것임을 짐작할 수 있다. 바로가 일을 쉽게 하도록 지시했을 리가 없기 때문이다. 바로가 이렇게 노동의 강도를 높이는 까닭은 이스라엘 사람들의 기강이 해이해졌다고 생각했기 때문이다. 바로는 모세와 아론이 하나님께 제사 드리기 위해 광야로 나가야 한다고 말하는 것을 '기강해이'(紀綱解弛)로 규정하고, 그것을 바로잡기 위해 이스라엘 사람들을 더욱 강력하게 조여야 한다고 판단한 것이다. 그리고 이스라엘 사람들이 모세와 아론이 하는 말을 듣고 그 말에 넘어갈 것을 염려한다(9절). 바로는 모세와 아론이 하는 말을 '거짓말'로 규정한다. 하나님은 모세와 아론을 출애굽의 사역자로 삼으셨는데, 바로에게 모세와 아론은 거짓말로 백성을 선동해서 일을 하지 않게 하고 그래서 국고로 추진하는 거대한 건축사업을 중단시키려는 '사기꾼'에 불과할 따름이다. 그래서 바로는 이스라엘 사람들이 모세와 아론이 하는 말에 '현혹'당하지 않도록 애쓴다. 그런데 그 방법이 바로 노동의 강도를 높이는 것이다.

바로의 명령을 받은 백성의 감독들과 기록원들은 즉시 나가서 그대로 시행한다. 당시 벽돌을 만들 때 짚이 반드시 필요했는데, 이제 짚을 공급해 주지 않기 때문에, 이스라엘 사람들은 이곳저곳에서 짚을 구해다 벽돌을 만들어야 했다. 그리고 짚이 아무 곳에 아무 때나 있는 것이 아니다 보니, 짚을 대신할 것들을 찾아야 했고, 곡초 그루터기를 거두어다가 짚 대신으로 사용했다. 그러다 보니 벽돌 만드는 일에 시간을 다 할애할 수가 없어서, 결국 예전보다 벽돌을 적게 만들 수밖에 없었다. 이스라엘 사람들이 하루에 만들어야 할 벽돌 개수를 채우지 못하자, (애굽인) 감독들은 (이스라엘 사람) 기록원들에게 책임을 추궁하면서 목표를 달성하지 못했다는 이유로 그들을 구타하고, 하루 목표를 채우도록 강요한다. 그런데 그들이 아무리 백성들을 닦달을 해도 짚을 대신할 것들을 찾는 데 시간을 들여야 하기 때문에 벽돌을 예전과 동일하게 만들 수가 없었다. 그러니 이래저래 죽어나는 것은 이스라엘 사람들과 기록원들이었다. 견디다 못한 기록원들이 왕을 찾아간다. 그리고 왜 그들을 이렇게 괴롭히는지 묻는다(15~16절).

애굽 왕이 노리는 것이 바로 이것이었다. 애굽 왕은 그를 찾아온 이스라엘 사람들에게 (모세와 아론이) '하나님께 제사 드리자'고 말한 것 때문에 그런 조치를 취했다고 말한다. 지금 해야 할 일이 많은데, '하나님께 제사 드리자'는 것은 이스라엘 사람들이 게으르다는 것을 명확하게 보여 주는 것이기 때문에 애굽 왕은 그런 말 자체를 용납할 수 없는 것이다. 바로는 자신이 내린 조치를 다시 확인하면서, 이렇게 말한다.

이제 가서 일하라(웨아타 러쿠 이베두)(18절)

이렇게 바로는 '일'에만 관심을 갖는다. 그런데 여기서 '일하다'는 단어는 원형이 아바드인데, 이것은 '섬기다'는 의미도 갖는다. 그래서 (시킨 대로) '일하라'는 말은 (하나님을) '섬기라'는 의미로 이어지는 아이러니를 발생한다.

애굽 왕을 만난 기록원들은 바로가 조치를 완화할 기색을 전혀 보이지 않자, 문제가 매우 심각함을 느끼면서 돌아간다("화가 몸에 미친 줄 알고"). 그들이 할 수 있는 일이라고는 이스라엘 사람들을 독촉해서 어떻게든 하루 목표를 달성하는 것뿐이다. 그렇지 않으면 어떤 결과를 맞을지 모르기 때문이다. 그들이 궁에서 나와 절망적인 심정으로 돌아가다가 길에서 모세와 아론을 만난다. 바로는 '하나님께 제사 드리자'고 말한 사람이 누구인지는 밝히지 않았다. 그러나 기록원들은 누가 바로를 찾아가서 그런 이야기를 했는지, 지금 일어나는 심각한 사태가 누구 때문인지 알았을 것이다. 그래서 바로와 애굽인 감독들을 원망하기보다는 모세와 아론을 더 원망했을 것이다. 그래서 이렇게 말한다(21절).

> 너희가 우리를 바로의 눈과 그의 신하의 눈에 미운 것이 되게 하고
> 그들의 손에 칼을 주어 우리를 죽이게 하는도다
> 여호와는 너희를 살피시고 판단하시기를 원하노라

모세와 아론이 말을 잘못해서 이스라엘 사람들을 사지(死地)로 몰아넣었다는 것이다. 그리고 모세와 아론이 책임을 져야 하고, 하나님이 그들을 심판하시기를 원한다고 악담을 한다.

그런데 여기서도 우리는 아이러니를 발견한다. 그들은 모세와 아론 때문에 문제가 심각해졌다고 말하면서 하나님이 그들을 심판하기를 원하는데, 실제로 모세와 아론을 보내서 바로에게 말하게 하신 분이 하나님이기 때문에, 그 사태를 일으킨 장본인이 바로 하나님인 것이다. 그러니 그들이 모세와 아론을 원망하고 악담하는 것은 결국 하나님을 원망하고 하나님께 악담하는 셈이다. 그렇다면 하나님이 심판할 사람은 모세와 아론이 아니고 그들인 것이다.

어쨌든 이스라엘 사람들은 모세와 아론을 원망하면서, 서로 갈등을 빚고 분열한다. 애굽 왕은 바로 이것을 원했던 것으로 보인다. 이스라엘 사람들이 서로를 원망하고 책임추궁을 하면서 분열함으로써 모세와 아론의 지도력을 무력하게 하고, 그래서 결국 출애굽을 저지하고, 자신이 계획한 일들을 완수하려는 것이 바로의 의중이었고, 바로가 의도한 대로 일이 이루어지는 것이다.

우리는 여기서 바로가 얼마나 주도면밀한 사람인지를 알 수 있다. 그는 일석이조(一石二鳥) 효과를 얻었다. 모세와 아론을 환영했던 이스라엘 사람들이 완전히 바뀌어서 이제 모세와 아론을 원망하고 하나님이 그들을 심판하기를 원하는 상황이 되었다. 그리고 모세와 아론이 등장하면서 하나님이 그들을 찾으시고 그들의 고난을 살피셨다는 것에 마음이 들떴던 이스라엘 사람들은 이제 깊은 절망에 빠졌다. 이것은 전혀 예상치 못했던 일이다. 모세와 아론도 이스라엘 사람들을 만났을 때만 해도, 그리고 바로에게 찾아가서 하나님 말씀을 전할 때만 해도 일이 이렇게 되리라고는 전혀 예상치 못했을 것이다.

모세와 아론은 바로에게 완전히 패했다. 모세가 그토록 염려하던 일, 즉 이스라엘 사람들이 그를 인정하겠느냐며 걱정하던 일이 현실로 나타났다. 모세와 아론으로 인해 오히려 일이 더 복잡해진 것이다.

그러니 모세와 아론이 절망하지 않을 수 있겠는가? 모세와 아론은 바로가 난공불락(難攻不落)으로 보였을 것이다. 그래서 자신들이 하는 일이 마치 바위에 계란 던지는 식이라고 생각했을 것이다. 이렇게 깊은 절망과 상처를 안고, 모세는 하나님께로 기도한다. 우리는 모세가 하나님께 드리는 기도를 통해 모세가 얼마나 상심했는지 짐작할 수 있다. 모세는 이렇게 기도한다(22~23절).

> 주여 어찌하여 이 백성이 학대를 당하게 하셨나이까
> 　　어찌하여 나를 보내셨나이까
> 내가 바로에게 들어가서 주의 이름으로 말한 후로부터
> 그가 이 백성을 더 학대하며
> 주께서도 주의 백성을 구원하지 아니하시나이다.

모세는 하나님께 하소연한다. 그리고 하나님께 울부짖는다. 이것을 탄원이라고 한다. 그는 이해할 수가 없다. 하나님이 왜 이 백성으로 하여금 더 학대를 당하게 하는지, 이렇게 하실 거라면 왜 자신을 이 곳에 보내신 것인지, 모세는 도무지 이해할 수가 없다. 모세가 바로에게 하나님 말씀을 전했다면, 모세가 하나님 말씀을 들어야 하는데, 모세가 바로에게 하나님 말씀을 전한 이후 오히려 바로가 더 강퍅해져서 이스라엘 사람들을 더 학대하니, 도대체 하나님 체면이 어떻게 되겠는가? 모세는 하나님이 이렇게 무능하신지 몰랐을 것이다. 바로가 이스라엘 사람들을 더 학대하면, 하나님이 자신의 백성을 구원해 주셔야 하는데, 일을 그렇게 만들어 놓은 당사자인 하나님마저 모른 체 한다는 것이다. 이렇게 답답할 일이 또 어디 있겠는가?

제6장 지지부진(遲遲不進)

모세는 이스라엘을 출애굽게 할 사명을 받고 애굽에 왔다. 그런데 이제 출애굽은 물 건너가고, 어떻게 하면 짚을 구해서 벽돌 개수를 채울 것인가가 관건이 되었다. 이스라엘 사람들을 출애굽시키러 온 모세는 오히려 이스라엘 사람들을 더 고통스럽게 만든 장본인이 되었다. 모세는 동족들로부터 환영받기는커녕 원망의 대상이 된 것이다.

참으로 고통스런 상황에 처한 모세에게 하나님이 말씀하시는 것으로 출애굽기 6장은 시작한다. 모세는 왜 하나님이 아무 일도 안 하시는지 하나님께 따진다. 그래서 하나님은 자신이 지금부터 바로에게 하는 일을 모세가 볼 것이라고 말씀하신다. 하나님은 이 말씀을 통해서 모세가 바로와 겨루는 것이 아니고, 하나님이 바로와 겨룬다는 것을 분명하게 말씀하신다. "이제 내가 바로에게 하는 일을 네가 보리라." 모세가 아니라 하나님이 바로와 겨룰 것이고, 바로가 겨루는 대상도 모세가 아니라 하나님이라는 것이다. 그리고 그 겨루기에서 하나님이 이기실 것이다.

> 강한 손으로 말미암아 바로가 그들을 보내리라
> 강한 손으로 말미암아 바로가 그들을 쫓아내리라

하나님은 동일한 말씀을 반복하면서 불가능해 보이는 '출애굽'을 다시 논쟁주제로 삼으신다. 현재 이스라엘 사람들이 겪는 어려움 때문에 출애굽을 불가능한 것으로 생각하는데, 하나님은 여전히 출애굽을 중심주제로 삼으신다. 하나님은 이처럼 출애굽에 집착하신다. 이러한 모습은 본문기자에게서도 강하게 나타난다. 출애굽기 6장은 하나님과 본문기자가 얼마나 출애굽에 집중하는지를 보여 준다. 2~13절에서 본문기자는 하나님이 모세를 부르신 때부터 지금까지 상황을 요약한다. 여기서도 하나님은 계속 출애굽을 말씀하신다.

하나님이 이처럼 출애굽에 집중한 것은 하루 이틀 된 일이 아니다. 그것은 아브라함 때부터 하나님이 약속하신 일이다. 하나님은 아브라함과 이삭 그리고 야곱과 언약을 맺으면서, 그들(의 후손들)에게 가나안 땅을 주시겠다고 약속하셨다. 하나님은 약속하신 것을 반드시 지키시고 이루시는 분이다. 하나님은 약속을 지키시는 분으로 자신을 소개하신다. 출애굽 사건은 하나님이 오랜 약속을 이루시는 과정에서 일어난다. 가나안 땅을 이스라엘 사람들에게 주시려면, 애굽에 사는 그들을 데려와야 한다.

그런데 하나님이 '오랜 약속'을 기억하시고 그 약속을 지금 지키시려고 결단하신 까닭은 고통당하는 이스라엘 사람들의 신음소리였다.

> 이제 애굽 사람이 종으로 삼은 이스라엘 자손의 신음소리를 내가 듣고 나의 언약을 기억하노라(5절)

현재 이스라엘 사람은 누구인가? 그들은 애굽 사람의 종이다. 애굽에서 노예처럼 사는 이스라엘 사람들은 너무 힘들어서 신음소리를 낸다. 그 신음소리를 하나님이 들으시고 '오랜 약속'을 떠올리신다. 고통과 기억은 이러한 관계를 갖는다. 그리고 고통과 기억은 하나님으로 하여금 새로운 일을 하게 한다. 그 새 일은 바로 출애굽이다. 하나님은 이스라엘 사람들을 고통 속에서 건져 내고 아브라함 때부터 약속하신 가나안 땅을 그들에게 주기 위해 이스라엘 사람들을 출애굽시키려고 하신다. 그 일을 위해 하나님은 모세를 부르시고, 하나님 말씀과 뜻을 이스라엘 사람들에게 알리고, 그들을 애굽에서 인도해 내기 위해 모세를 애굽으로 보내신다.

하나님은 이스라엘 사람들에게 할 말을 모세에게 일러 주신다. 하나님이 제일 먼저 하시는 말씀은 "나는 여호와이니라."이다. 하나님은 자신이 누구인지를 이스라엘 사람들에게 제일 먼저 알리신다. 이것은 대단히 중요하다. 하나님이 누구신지 알아야 이스라엘 사람들도 자신들이 누구인지를 알 수 있기 때문이다. 하나님도 자신이 누구인지를 알리기 위해 애쓰신다. 3절을 읽어 보자.

> 내가 아브라함과 이삭과 야곱에게 전능의 하나님으로 나타났으나
> 나의 이름을 여호와로는 그들에게 알리지 아니하였고

하나님은 아브라함과 이삭과 야곱에게 자신이 누구인지를 알리셨다고 말한다. 하나님은 그들에게 자신을 '전능의 하나님'(엘 샷다이)으로 알리셨다. '그들에게 여호와'라는 이름은 알리지 않으셨음을 굳이 밝히신다. 이것은 하나님이 자신을 사람들에게 알리시는 데 얼마나 관심을 많이 갖고 애쓰시는지를 보여 준다. 아브라함과 이삭과 야

곱에게는 전능의 하나님으로 자신을 나타내신 하나님이 모세에게는 '여호와'로 자신을 나타내신다. 그리고 중요한 것은 전능하신 하나님이 바로 여호와 하나님이시고, 여호와 하나님이 바로 전능하신 하나님이라는 것이다. 아브라함과 이삭과 야곱의 하나님이 모세의 하나님이고, 모세의 하나님이 바로 아브라함과 이삭과 야곱의 하나님이라는 것이다. 아브라함과 이삭, 야곱 그리고 모세를 이어 주는 것은 하나님이다. 하나님은 과거와 현재를 이어 주신다. 많은 시간이 흘렀지만, 하나님은 동일하시다. 그리고 하나님이 하시는 일도 동일하시다. 하나님은 아브라함과 이삭과 야곱에게 약속하셨다. 그들이 떠돌던 땅을 그들에게 주겠다고 약속하신 하나님은 이제 그 약속을 기억하고 약속을 이루기 위해 놀라운 사건을 일으키시겠다고 말씀하신다.

이렇게 하나님은 언제나 약속하시는 하나님이시고, 그 약속을 기억하시는 하나님이시고, 그 약속을 이루시는 분이시다. 그 하나님이 아브라함과 모세를 잇는다. 아브라함 때에는 약속하셨고, 모세 때에는 그 약속을 이루신다. 그런데 왜 하나님은 모세 때에 이르러 약속을 기억하시고 그 약속을 실현하려 하시는가? 하나님이 일하실 때를 결정하는 요인은 무엇인가? 5절을 다시 읽어 보자.

> 이제 애굽 사람이 종으로 삼은 이스라엘 자손의 신음 소리를 내가 듣고 나의 언약을 기억하노라

여기서 보는 대로, 하나님은 '들으시는 분'이다. 자기 백성인 이스라엘 사람들이 애굽에서 중노동을 하면서 지르는 신음 소리를 들으신다. 하나님은 고통받는 사람이 지르는 신음 소리에 민감하시다. 그

리고 거기에 귀를 기울이신다. 하나님이 귀를 기울이신다는 것은 고통을 중지시키실 것임을 예고한다.

하나님은 모세로 하여금 이스라엘 자손에게 말하게 하신다. 5~8절을 읽어 보자.

a 나는 여호와라
b 내가 애굽 사람의 무거운 짐 밑에서 너희를 빼내며
c 그들의 노역에서 너희를 건지며
d 편 팔과 여러 큰 심판들로부터 너희를 속량하여
e 너희를 내 백성으로 삼고 나는 너희의 하나님이 되리니
b′ 나는 애굽 사람의 무거운 짐 밑에서 너희를 빼낸
e′ 너희의 하나님 여호와인줄 너희가 알지라
c′ 내가 아브라함과 이삭과 야곱에게 주기로 맹세한 땅으로 너희를 인도하고
d′ 그 땅을 너희에게 주어 기업을 삼게 하리라
a′ 나는 여호와라

5~8절은 위에 표기한 대로, 교차구조를 보인다. 여기서 보는 대로, 하나님은 "나는 여호와라"로 시작해서 "나는 여호와라"로 말씀을 끝내신다. 이것은 하나님이 자신이 누구인지를 사람들에게 각인시키기 위해 애쓴다는 것을 보여 준다. 그리고 e와 e′ 역시 자신이 누구인지를 알리는 데 주력한다.

그런데 이 하나님이 무슨 일을 하시는가? 출애굽. 그렇다. 이스라엘 사람들을 애굽에서 이끌어 내시는 출애굽의 하나님이시다. 하나님은 아브라함과 이삭과 야곱에게 하신 약속을 이루시기 위해 출애굽 사건을 일으키려고 하신다. 여기서도 애굽 사람과 하나님은 대립한

다. 애굽 사람은 이스라엘 사람들을 종으로 삼아서 중노동을 시키고, 하나님은 고통당하는 이스라엘 사람들을 애굽 사람에게서 해방시키려고 하신다. 하나님이 자신을 출애굽의 하나님, 즉 "애굽 사람의 무거운 짐 밑에서 너희를 빼낸 너희의 하나님 여호와"라고 자신을 소개하신다. 이스라엘 백성들에게 주시는 하나님 이름이다.

모세는 하나님이 일러 주신 대로 이스라엘 사람들에게 말씀을 전한다. 그런데 이스라엘 사람들은 그 말에 귀를 기울이지 않는다(9절). 본문기자는 그 이유를 두 가지로 든다. 하나는 이스라엘 사람들 마음이 상했다는 것이고, 다른 하나는 그들이 겪는 가혹한 노역 때문이다. 이스라엘 사람들 마음이 상했다는 것은 그들이 모세와 아론을 더 이상 신뢰하지 않을 뿐만 아니라, 그들이 자신들을 더 괴롭게 만들었다고 생각해서 원망하기까지 했음을 보여 준다. 그리고 바로가 노역을 더 가혹하게 했기 때문에 그들은 하루 벽돌 책임량을 채우기 위해 안간힘을 써야 하는 상황이어서, 모세가 말하는 것이 현실성이 없어 보였을 것이다.

모세가 이스라엘 사람들에게 하나님 말씀을 전했지만, 그들이 듣지 않자, 얼마나 절망했을 것인지 짐작할 수 있다. 진퇴양난(進退兩難). 그런데 하나님은 모세를 계속 다그친다. 바로에게 다시 가서 이스라엘 백성을 내보내라고 말하라는 것이다. 우리가 보기에도 이것은 그리 지혜로워 보이지 않는다. 무엇인가 다른 방법을 써서 그 난관을 헤쳐 나가야 할 텐데, 하나님이 쓰시는 방법은 너무나 뻔해서 누구나 실패를 예상할 만하다. 바로에게 가서 말하면, 바로가 이스라엘 사람들에게 더 가혹한 노역을 명령할 것이고, 그러면 이스라엘 사람들이 모세와 아론을 불신하고 그들을 원망하고 심지어는 죽이려 들지도 모르는데, 하나님은 왜 앞뒤 없이 몰아붙이는 것일까? 모세도 납득할 수 없었는지 이렇게 말한다. 12절을 읽어 보자.

> 이스라엘 자손도 내 말을 듣지 아니하였거든
> 바로가 어찌 들으리이까
> 나는 입이 둔한 자니이다

누가 들어도 옳은 말이다. 이스라엘 사람들도 믿지 못하고 거부하는데 바로가 그 말을 듣고, 이스라엘 사람들을 내보내려고 하겠는가? 말도 안 되는 소리이다. 모세는 이렇게 말하고 싶었는지도 모른다. "아니, 이렇게 명백한 것을 어찌 하나님만 모르신단 말입니까?" 모세는 바로와 이스라엘 사람들을 대하면서, 설득이 얼마나 어려운 일인지 알았을 것이다. 그래서 이렇게 말한다. "나는 입이 둔한 자니이다." 이스라엘 사람들은 말할 것도 없고 바로를 설득하기가 불가능하다는 사실을 모세는 안 것이다. 모세가 호렙 산에서 하나님을 만났을 때, 그토록 염려하던 그 일이 일어나는 것이다. 이제 모세는 빠져나올 수 없는 함정에 떨어진 것이다. 그런데 13절은 이렇게 말한다.

> 여호와께서 모세와 아론에게 말씀하사 그들로 이스라엘 자손과 애굽 왕 바로에게 명령을 전하고 이스라엘 자손을 애굽 땅에서 인도하여 내게 하시니라

모두가 보기에 결말이 너무도 분명한 것 같은데, 예상을 뒤엎고 하나님은 결국 모세와 아론을 통해서 이스라엘 사람들을 출애굽시키신

다. 하지만 이것은 앞으로 일이고, 현재 모세와 아론은 어떻게 할지 알 수 없는 답답한 상황, '노웨이 아웃'(No Way Out)에 처해 있음이 분명하다. 쩔쩔매는 모세와 아론의 모습이 눈에 선하다.

그런데 본문기자는 여기서 이야기를 잠시 멈추고 느닷없이 모세와 아론의 족보를 언급한다. 그렇게 하면서 우리 시선을 모세와 아론에게 머물게 한다. 26, 27절을 보자.

> 이스라엘 자손을 그들의 군대대로 애굽 땅에서 인도하라 하신 여호와의 명령을 받은 자는 <u>이 아론과 모세요</u>
> 애굽 왕 바로에게 이스라엘 자손을 애굽에서 내보내라 말한 사람도 <u>이 모세와 아론이었더라</u>

이 구절은 모세와 아론을 부각시키는데, 그러면서 모세와 아론이 하나님 명령을 듣고 그 명령에 따랐음을 강조한다.

여기서 잠시 족보를 살펴보면, 족보는 이스라엘의 장자 르우벤으로 시작한다. 그런 다음 시므온 집안을 간략하게 언급하고, 레위의 아들들에게로 넘어간다. 레위 자손들을 세 아들인 게르손, 고핫, 므라리 순으로 밝히고, 고핫의 아들들로 넘어갔다가, 아론 계보로 넘어간다. 이 족보를 통해서 본문기자는 독자들을 모세와 아론에게 주목하게 하고, 모세와 아론이 하나님 말씀을 듣고 그 말씀대로 준행하고 그 말씀을 전했음을 밝힌다. 그래서 이 족보는 모세와 아론이 아무리 어려운 상황에 놓였다고 해도 그들은 하나님 말씀을 전할 수밖에 없음을 명확하게 보여 준다. 그들을 신뢰하지도 않고, 말을 전혀 듣지 않는 이스라엘 사람들을 설득해서 출애굽을 준비케 해야 하고, 바로를 다시 찾아가서 "내 백성을 보내라."고 말하는 것은 결코 쉽지 않은 일이다. 그런데도 모세와 아론은 하나님 뜻을 따랐다는 것을 강조하고 싶은 것으로 보인다.

본문은 다른 사람들, 특히 의견이 전혀 다른 사람들을 설득하고 그들과 의사소통하기가 얼마나 힘든 일인지 보여 준다. 모두 제 뜻을 이루려고 하기 때문이다. 하나님은 하나님 뜻을 이루기 위해 우리가 보기에도 무리를 범하는 것 같고, 모세와 아론은 바로와 이스라엘 사람들이 거부하는데도 불구하고 그들에게 하나님 말씀을 억지로 전해야 하고, 바로는 모세와 아론이 말하는 것을 도저히 받아들일 수 없는 형편이고, 이스라엘 사람들도 모세와 아론을 신뢰하지 않기 때문에 제 주장만 하는 상황이다.

출애굽기 6장 마지막 부분(28~30절)은 10~12절과 유사하다.

a 10 여호와께서 모세에게 말씀하여 이르시되
b 11 들어가서 애굽 왕 바로에게 말하여 이스라엘 자손을 그 땅에서 내보내게 하라.
c 12 모세가 여호와 앞에 아뢰어 가로되 이스라엘 자손도 내 말을 듣지 아니하였거든 바로가 어찌 들으리이까 나는 입이 둔한 자니이다

a′ 28 여호와께서 애굽 땅에서 모세에게 말씀하시던 날에
b′ 29 여호와께서 모세에게 말씀하여 이르시되 나는 여호와라 내가 네게 이르는 바를 너는 애굽 왕 바로에게 다 말하라
c′ 30 모세가 여호와 앞에서 아뢰되 나는 입이 둔한 자이오니 바로가 어찌 나의 말을 들으리이까

일이 잘 풀리지 않고 진전이 없고 그저 그렇게 진행될 때 우리는 '지지부진'(遲遲不進)하다고 하는데, 6장을 읽으면서 '지지부진'을 절감한다. 진전 없이 겉돌기만 하고 제자리걸음만 하는 느낌이 든다. 하나님은 궁지에 몰린 모세와 아론을 계속 재촉해서 하나님 말씀을 바로와 이스라엘 사람들에게 전하라고 하고, 바로와 이스라엘 사람들은 모세와 아론이 하는 말에 전혀 귀를 기울이지 않고, 오히려 바로는 그것을 빌미로 이스라엘 사람들에게 더 많은 것을 요구하고, 이스라엘 사람들은 그로 인해 더 많은 고통을 당하게 되어 절망감만 가중되고, 모세와 아론을 증오하는 상황이다. 그러니 모세와 아론이 무엇을 할 수 있겠는가? 하나님 말씀을 전할 수도 전하지 않을 수도 없는 어려움에 처했다. 그마나 이런 답답함은 14절에서 27절까지에 들어온 족보 때문에 조금 덜하다. 특히 26절과 27절은 앞에서 말한 것처럼, 하나님이 결국 모세와 아론을 통해서 출애굽 사건을 일으키실 것을 우리에게 들려준다.

제7장 한 걸음 또 한 걸음

6장에서 느낀 답답함은 7장에서도 그대로이다. 6장은 모세가 느끼는 절망감으로 끝났다. 모세는 바로를 설득해서 이스라엘 사람들을 출애굽케 하는 것이 거의 불가능하다고 생각한 것으로 보인다.

여기에 대해서 하나님은 이렇게 말하신다. 1절과 2절을 읽어 보자.

> 1 여호와께서 모세에게 이르시되 볼지어다 내가 너를 바로에게 신 같이 되게 하였은즉 네 형 아론은 네 대언자가 되리니 2 내가 네게 명령한 바를 너는 네 형 아론에게 말하고 그는 바로에게 말하여 그에게 이스라엘 자손을 그 땅에서 내보내게 할지니라

그런데 우리는 이것과 같은 말을 4장 14~16절에서 이미 들었다.

> 14 여호와께서 모세를 향하여 노하여 이르시되 레위 사람 네 형 아론이 있지 아니하냐 그가 말 잘하는 것을 내가 아노라 그가 너를 만나러 나오나니 그가 너를 볼 때에 그의 마음에 기쁨이 있을 것이라 15 너는 그에게 말하고 그의 입에 할 말을 주라 내가 네 입과 그의 입에 함께 있어서 너희들이 행할 일을 가르치리라 16 그가 너를 대신하여 백성에게 말할 것이니 그는 네 입을 대신할 것이요 너는 그에게 하나님 같이 되리라

그래서 우리는 7장을 읽으면서도 4장으로 다시 돌아간 느낌을 받

는다. 그리고 3절과 4절에서 3장 19절과 20절을 반복한다. 그러니 우리는 4장을 넘어서 3장까지 되돌아간 것이다. 이런 반복과 되돌아감을 통해서 본문기자는 출애굽이 그렇게 쉬운 일이 아님을 재확인한다. 그렇지만 하나님이 출애굽을 반드시 실현하실 것임도 재확인한다. 그런데 우리가 본문을 세밀하게 살피면, 이것이 결코 단순한 반복이 아니고, 또 지지부진한 것도 아니고, 한 걸음 한 걸음 목표를 향해서 꾸준하게 나아가고 있음을 알 수 있다. 7장 3, 4, 5절에는 일인칭 소유격이 여러 번 나온다.

> 3 내가 바로의 마음을 완악하게 하고 <u>내</u> 표징과 <u>내</u> 이적을 애굽 땅에서 많이 행할 것이나
> 4 바로가 너희의 말을 듣지 아니할 터인즉 내가 <u>내</u> 손을 애굽에 뻗쳐 여러 큰 심판을 내리고 <u>내</u> 군대, <u>내</u> 백성 이스라엘 자손을 그 땅에서 인도하여 낼지라
> 5 내가 <u>내</u> 손을 애굽 위에 펴서 이스라엘 자손을 그 땅에서 인도하여 낼 때에야 애굽 사람이 나를 여호와인 줄 알리라 하시매

우리는 여기서 하나님이 얼마나 출애굽에 집착하는지 알 수 있다. 그리고 출애굽에 대한 의지가 얼마나 강한지도 알 수 있다. 그런데 이 구절들은 출애굽이 그렇게 쉽지 않을 것임도 알려 준다. 하나님이 출애굽에 집착하고 출애굽을 반드시 이루실 것이라고 반복해서 말할수록 출애굽이 그만큼 어렵다는 것을 보여 주는 것이다. 그리고 5절 뒷부분을 보면, 애굽 사람들이 하나님이 어떤 분인지 아는 것이 출애굽 때라고 하는 것도 하나님이 출애굽을 반드시 일으키실 것임을 약속하는 것이기도 하지만, 그때까지는 애굽 사람들이 계속 완악하게 행동할 것임을 가리키기 때문에, 출애굽의 어려움을 강조하는 역할을 한다.

이렇게 본문은 출애굽이 결국 이뤄지겠지만, 그 과정이 결코 쉽지 않을 것임을 보여 준다.

다람쥐 쳇바퀴 돌리듯 지지부진해서 답답한 느낌을 주던 본문은 6절에서 약간 달라진다.

모세와 아론이 여호와께서 자기들에게 명령하신 대로 행하였더라

지금 가장 답답할 사람은 모세와 아론이고, 그들은 이미 깊은 절망감을 느끼고 있는 상황임에도 불구하고, 하나님이 그들에게 명령하신 대로 행했다. 이것은 결코 쉬운 일이 아니다. 그들은 바로에게 가서 이스라엘 사람들을 내보내라고 말하기도 어렵고, 이스라엘 사람들에게 가서 하나님이 들려주신 말씀으로 위로하기도 어려운 상황이었다. 모세와 아론이 하나님이 말씀하신 대로 바로와 이스라엘 사람들에게 말을 하면 할수록 상황은 더욱 악화되었기 때문이다. 그리고 대화하는 게 얼마나 힘들고 다른 사람들을 설득하는 게 얼마나 힘든지 이미 겪어서 알기 때문이다. 그런데도 불구하고 모세와 아론은 하나님이 명령하신 대로 행했다. 이것은 대단한 일이다.

그리고 본문기자는 7절에서 당시 모세와 아론이 몇 세였는지를 밝힌다. 본문기자가 여기서 굳이 그들의 나이를 언급하는 까닭은 무엇일까? 나이를 말할 필요가 있었기 때문일 텐데, 모세는 팔십 세였고, 아론은 팔십삼 세였다. 분명히 젊은 나이는 아니다. 그러나 그들이 겪는 일로 인해 쉽게 절망하지 않을 만큼 인생경험을 한 나이이고, 하

나님이 명령하신 것들을 하나씩 해낼 만큼 인내심을 갖춘 나이이기도 하다. 막다른 골목길에서 나갈 길을 찾을 만큼 노련함을 가진 나이이기도 하다. 그리고 더욱 중요한 사실은 그들이 그런 연륜과 경험들을 통해서 새로운 역사를 이뤄 낼 나이라는 사실이다. 40+40+40으로 깔끔하게 정리되는 모세의 3단계 삶에서 이제 마지막 단계가 시작하는 것을 본문기자는 말하고자 한 것으로 보인다. 그리고 아론 역시 새로운 삶을 시작하고, 새로운 역사를 시작하는 것이다.

6절과 7절은 그동안 우리가 본문을 읽으면서 못 견뎌한 답답함을 일시에 날려 버리는 역할을 한다. 그리고 8절부터 새로운 사건이 일어난다.

하나님은 모세와 아론에게 말씀하신다. 하나님은 바로가 모세와 아론에게 이적을 보이라고 할 것을 예상하시고 말씀하신다. 바로가 모세와 아론에게 이적을 보이라고 말하면, 지팡이 요술을 보여 주라고 하신다. 그런데 지팡이가 변해서 뱀이 되는 것은 출애굽기 4장에 이미 나왔다. 하나님은 이스라엘 백성들이 모세가 말하는 것을 믿지 않을 때, 그들에게 증거로 보여 주라고 하신 두 가지 이적 가운데 첫 번째이다. 그런데 7장에서는 지팡이 이적을 이스라엘 사람들에게 보여 주는 것이 아니고, 바로에게 보여 준다. 그러니 기능이 다르다. 모세는 아론에게 지팡이를 들어서 바로 앞에 던지게 한다. 여기서 지팡이는 모세의 지팡이가 아니고 아론의 지팡이다. 그랬더니 그 지팡이가 뱀이 되었다. 그런데 놀라운 사실은 이게 이집트에서는 그리 신기한 게 아니었다는 것이다. 바로는 현인과 마술사들을 불러서 역시 지팡이로 뱀을 만든다. 이집트 요술사들이 던진 지팡이들이 모두 뱀이 된 모양이다. 그런데 특이한 것은 아론의 지팡이가 변한 뱀이 다른 뱀들을 모두 삼켜 버렸다는 것이다. 이것은 모세와 아론이 승리했다는 것을 의미하는데, 그럼에도 불구하고 바로는 자신이 패배했음을 인정하지 않는다. 그래서 본문기자는 이렇게 말한다. 13절을 읽어 보자.

> 그러나 바로의 마음이 완악하여 그들의 말을 듣지 아니하니 여호와의 말씀과 같더라

'바로의 마음이 완악하다'는 것은 출애굽기에서 전형적인 구절이다. 마음이 완악하다는 것은 마음을 강하게 한다(하자크<חָזַק>)는 것이다. 이것은 다른 말로 하면, 소신이 분명해서 흔들리지 않는다는 의미로 풀 수 있겠다. 아무리 힘들고 어려운 일이 있다고 해도, 흔들리지 않고, 오히려 더 굳세게 나아가는 것을 가리킨다. 바로는 소신이 분명하고 강한 사람이었다. 어떤 것도 그를 흔들 수 없었다. 비록 아론의 지팡이가 다른 지팡이들을 다 삼켜 버렸다고 해도, 그런 것으로 인해 흔들릴 사람이 아니라는 것이다. 패배를 인정할 사람이 아니라는 것이다.

하나님은 바로가 어떻게 처신할 것인지를 이미 예견하신다. 그리고 거기에 대처하신다. 바로는 상황이 좋든 안 좋든 자신이 생각하는 바를 이루기 위해 최선을 다한다. 그래서 모세와 아론은 지팡이 요술로는 바로와 이집트 사람들의 마음을 바꿔 놓기에 역부족임을 이미 알고 있었을 것이다. 오히려 기세당당했을 수도 있다. 13절 뒷부분에

나오는 "여호와의 말씀과 같더라."는 구절은 하나님이 정확하게 예견했음을 보여 줄 뿐만 아니라, 앞으로 상황이 쉽지 않을 것임을 여실히 보여 준다.

바로가 소신 있는 사람이라는 사실은 하나님도 인정하신다. 14절을 읽어 보자.

> 여호와께서 모세에게 이르시되
> 바로의 마음이 완강하여(카베드) 백성 보내기를 거절하는도다

바로의 완강함, 바로의 소신을 하나님도 인정하시는 것이다. 그래서 하나님은 바로를 대하는 방법을 달리하신다. 하나님은 모세에게 다음 날 아침에 바로에게로 가라고 명령하신다. 그리고 바로 앞에서 무엇을 어떻게 해야 할 것인지를 상세하게 일러 주신다. 우리는 여기서 하나님이 얼마나 섬세한 분인가를 다시 확인한다. 15절을 읽어 보자.

> 아침에 너는 바로에게로 가라/보라 그가 물 있는 곳으로 나오리니/너는 나일 강가에 서서/그를 맞으며/그 뱀 되었던 지팡이를 손에 잡고

여기서 보는 대로, 하나님은 모세에게 어떻게 해야 할 것인지를 꼼꼼하게 일러 주신다. 시간과 장소를 일러 주시고, 어디에 서서 무엇을 들고 어떻게 해야 할 것인지를 알려 주신다. 하나님은 뱀으로 변하게 했던 지팡이로 나일 강물을 피로 만드는 이적을 일으키게 하신다. 하나님은 모세에게 바로 앞에서 무슨 말을 어떻게 해야 할 것인지를 일러 주신다. 그런 다음 모세가 아론에게 해야 할 말도 일러 주신다. 이

렇게 하나님은 모세와 아론과 '입을 맞춘다'. 우리는 여기서 하나님이 얼마나 조심스럽게 일을 하시는지 알 수 있다. 하나님은 일을 정교하게 계획하시고 그것을 하나씩 빈틈없이 하신다. 이것은 하나님이 출애굽을 얼마나 소중하게 여기시는지, 그리고 출애굽을 이루기 위해서 얼마나 노심초사하시는지를 보여 준다. 또한 출애굽을 반드시 성취하시려는 굳은 의지도 보여 준다.

하나님은 이 구절들에서도 이스라엘 백성을 '내 백성'이라고 부르시고, 출애굽해야 하는 이유를 광야에서 하나님을 섬기게 하기 위함이라고 말씀하신다. 그리고 결국 바로가 하나님이 어떤 분인지 알게 될 것이라고 말씀하신다. 하나님은 모세를 통해서 바로에게도 세심하게 말씀하신다. 하나님은 모세에게 그동안 경과를 바로에게 들려주고, 앞으로 어떤 일이 벌어질 것인지를 상세하게 말하게 하신다. 17절 뒷부분과 18절을 읽어 보자.

> 내가 내 손의 지팡이로 나일 강을 치면/그것이 피로 변하고/나일 강의 고기가 죽고/그 물에서는 악취가/나리니 애굽 사람들이 그 강 물 마시기를 싫어하리라

수다스럽다고 생각할 정도로 하나님은 자세하게 말씀하신다. 그리고 이런 수다스러움은 본문기자에게서 동일하게 드러난다. 20절과 21절을 읽어 보자.

> 모세와 아론이 여호와께서 명령하신 대로 행하여 바로와 그의 신하의 목전에서 지팡이를 들어 나일 강을 치니 그 물이 다 피로 변

하고 나일 강의 고기가 죽고 그 물에서는 악취가 나니 애굽 사람들이 나일 강 물을 마시지 못하며

이런 수다스러움을 통해서 본문기자는 하나님이 말씀하신 대로 일이 일어났음을 분명하게 밝힌다. 그런데 예상치 못한 것은 애굽의 술사들도 '그들의 요술'로 물을 피로 만들었다는 것이다. 그러니 이번 이적도 지팡이 요술만큼이나 힘 빠지는 일이 될 수밖에 없다. 바로는 하나님이 그리 대단한 신이 아니라고 생각했을 것이다. 지팡이 요술과 피 요술은 하나님의 능력을 드러내기보다는 오히려 하나님을 우스꽝스럽게 만들었다. 그리고 이 이적은 바로가 얼마나 소신 있는 사람인지를 드러내는 것으로 이어진다. "바로의 마음이 완악하여 그들의 말을 듣지 아니하니 여호와의 말씀과 같더라."(22절) 바로는 정말 하나님도 인정할 만한 소신을 가진 사람이다. 바로는 모세와 아론을 비웃고 궁으로 들어갔을 것이다. 그는 이제 걱정할 게 없다고 생각했는지도 모른다. 일이 다 끝났다고 생각했을 것이다. 이스라엘 사람들이 원망하는 모세와 아론은 말할 것도 없고, 하나님도 별게 아니라고 여겼을 것이다. 본문기자는 바로가 "그 일에 관심을 가지지도 아니하였"다고 말한다(23절). 이미 지나간 일이라고 생각했다는 것이다.

그런데 본문기자는 여기서 한 가지 사실을 우리에게 알려 준다. 24절을 읽어 보자.

애굽 사람들은 나일 강물을 마실 수 없으므로 나일 강가를 두루 파서 마실 물을 구하였더라

바로는 이스라엘 사람들뿐만 아니라 제 백성인 애굽 사람들에게도 관심이 없었다. 나일 강이 핏물로 변했기 때문에 그것을 식수로 삼던 애굽 사람들이 얼마나 어려움을 겪을 것인지에 대해서는 전혀 관심이 없었다. 그는 하나님이 하시는 일에도 관심이 없었을 뿐만 아니라, 백성들에게도 관심이 없었다. 여기서도 우리는 이스라엘 사람들을 '내 백성'이라고 하시면서, 세심하게 계획하고 조심스럽게 하나씩 이뤄 가시는 하나님과 전혀 다른 '왕'의 모습을 본다. 바로는 결코 진정한 왕이 아니다. 25절은 그 사건 이후로 아무런 조치 없이 이레가 지났다고 하는데, 그 이레 동안 이스라엘 사람들뿐만 아니라 애굽 사람들도 함께 겪어야 했을 고통이 얼마나 컸을 것인지 짐작할 수 있다.

이 장면은 엘리야 시대에 3년 동안 비가 안 온 상황을 떠올리게 하는데, 엘리야가 비가 오지 않을 것을 선포한 다음, 온 이스라엘 땅이 메말라서 사람들은 극심한 고통을 겪었을 것이다. 그러나 정작 당사자인 엘리야, 특히 아합 왕은 고통을 겪지 않았다. 이 얼마나 우스꽝스러운 일인가.

그리고 어쩌면 이스라엘 사람들뿐만 아니라 애굽 사람들도 이번에는 모세와 아론을 함께 원망했을지도 모른다. 모세와 아론 때문에 물이 피로 변해서 먹을 수 없게 되었다는 소문이 났을 것이기 때문이다. 이래저래 모세와 아론 그리고 하나님이 욕먹을 상황이다.

제8장 이적 또 이적

나일 강물이 피로 변한 지 일주일이 흐른 다음, 하나님은 다시 모세에게 말씀하신다.[20] 하나님은 모세로 하여금 바로에게 하나님 말씀을 전하게 하시는데, 그 내용은 예전과 동일하다. "내 백성을 보내라 그들이 나를 섬길 것이니라." 하나님은 이 말씀을 끈질기게 하신다. 모세와 아론은 바로만 보면, "내 백성을 보내라 그들이 나를 섬길 것이니라."고 말했을 것이다. 그런데 하나님은 바로가 그 말을 듣지 않으리라는 사실을 이미 알고 계신다. 그래서 바로가 말을 듣지 않으면, 하나님이 거기에 대해 어떤 조치를 취할 것인지를 미리 말씀하신다(3~4절). 하나님이 이번에 준비하신 이적은 '개구리 떼'이다. 만약 바로가 하나님 말씀을 거역하면, 개구리 떼로 온 애굽을 뒤덮게 할 것이라고 말씀하신다.

그런데 여기서도 '수다스러움'이 나타난다. 3절과 4절을 읽어 보자.

> 개구리가 나일 강에서 무수히 생기고 올라와서 네 궁과 네 침실과 네 침상 위와 네 신하의 집과 네 백성과 네 화덕과 네 떡 반죽 그릇에 들어갈 것이며 개구리가 너와 네 백성과 네 모든 신하에게 기

20) 7장과 8장은 히브리어 성경과 개역성경이 장 구분을 달리한다. 히브리어 성경은 8:1-4를 7:25 이후에 둔다. 그리고 5절부터 8장을 시작한다. 여기서는 개역성경 장 구분을 따른다.

어오르리라

필요 이상으로 수다를 떠는 것처럼 보이는데, 여기서도 우리는 하나님이 얼마나 섬세하게 일을 계획하고 수행하시는지 알 수 있다. 이런 하나님의 세심함이 때로 하나님의 소심함으로 비춰지기도 하지만, 하나님이 출애굽에 얼마나 집착하시는지를 보여 준다.

이렇게 경고한 다음, 개구리 떼 이적을 바로 일으키는 것으로 보아, 바로가 하나님 말씀을 거역한 것으로 보인다. 그런데 개구리 떼 이적을 일으킬 때 사용한 것은 아론의 지팡이이다. 그런데 애굽의 술사들도 개구리 떼를 만드는 이적을 일으킨다. 우리가 본 대로, 애굽의 술사들은 뱀, 피, 개구리 이적을 행하는 능력을 갖고 있다. 그들은 자신들도 모세와 아론처럼 이적을 행하는 능력을 갖고 있다는 사실에 자부심을 느꼈을 것이고, 바로는 모세와 아론을 보내신 하나님을 얕잡아 봤을 것이다. 그런데 이것은 문학적으로 '아이러니'이다. 여기서는 그런 능력이 있느냐 없느냐가 문제가 아니다. 왜 그런 이적을 일으키느냐는 것이다. 모세와 아론은 하나님 뜻을 이루기 위해서 이적을 행한다. 그리고 하나님이 명령하신 대로 준행한다. 물론 애굽의 술사들도 바로의 뜻을 이루기 위해 이적을 행한다. 그리고 바로가 명령한 대로 한다. 그런데 하나님은 자신의 백성인 이스라엘을 구원하기 위해서 이적을 행하시는데, 바로는 애굽의 술사들로 하여금 이적을 일으키게 함으로써 애굽의 백성들을 괴롭게 한다. 이것이 아이러니이다. 바로는 하나님께 대항한다고 생각하는데, 실제로는 하나님 일에 협조하는 셈이기 때문이다. 그리고 바로는 자신이 하나님을 이겼다고 생각하는데, 결국 단계를 거치면서 하나님에게 조금씩 패배해 가기 때문에 이것 역시 아이러니이다.

그런데 우리가 한 가지 주목할 것이 있는데, 7절을 읽어 보자.

> 요술사들도 자기 요술대로 그와 같이 행하여 개구리가 애굽 땅에 올라오게 하였더라

본문기자가 애굽의 술사들이 '자기 요술대로' 행했다는 점을 밝힌 까닭이 있을 것이다. 이것은 7장에서도 찾아볼 수 있다. 7장 11절을 읽어 보자.

> 바로도 현인들과 마술사들을 부르매 그 애굽 요술사들도 그들의 요술로 그와 같이 행하되

이것은 매우 중요한 점이다. 우리는 모세와 아론이 여러 이적들을 행하지만, '그들의 요술로' 그렇게 행했다는 구절을 찾아볼 수 없다. 본문기자는 모세와 아론이 그런 능력을 갖고 있다고 말하지 않는다. 그는 모세와 아론이 하나님 지시대로 행했을 뿐이라는 점을 강조한다. 그래서 우리는 모세와 아론이 요술을 부리는 능력을 갖고 있다고 생각하지 않는다. 모세와 아론 역시 그렇게 말하지 않는다. 그들은 애초부터 자신들이 전혀 능력이 없는 사람들임을 분명히 알고 있다. 그런데 애굽의 술사들은 자기들이 가진 능력으로 요술을 부린다. 그들은 자신들의 능력을 드러내고 자신들이 영광을 누린다. 물론 애굽의 요술사들이 바로가 명령해서 개구리 떼를 만들었겠지만, 본문기자는

그것을 언급하지 않고, 오히려 "그들의 요술로 그와 같이 행"했다고 말한다. 본문기자는 하나님과 모세, 아론 사이의 대화는 상세하게 기록하지만, 바로와 술사늘 사이의 대화는 생략한다.

그런데 애굽의 상황이 심각해진 모양이다. 바로가 모세와 아론을 찾는다. 지금까지 바로가 모세와 아론을 찾은 적이 없었다. 모세와 아론이 바로를 만나러 궁에 들어갔다는 점에서 이것은 새롭다. 모세와 아론을 부른 바로는 이렇게 말한다. 8절을 읽어 보자.

> 여호와께 구하여 나와 내 백성에게서 개구리를 떠나게 하라
> 내가 이 백성을 보내리니
> 그들이 여호와께 제사를 드릴 것이니라

바로가 여기서 '나와 내 백성'이라고 하는 것도 눈여겨볼 만하다. 이것은 백성들이 개구리 떼로 인해서 고통을 겪고, 이 문제를 해결해 달라고 바로에게 강력하게 요청했기 때문인 것으로 보인다. 바로는 이제야 비로소 자신과 측근들을 넘어서 백성들을 생각하기 시작한다. 바로는 하나님이 하신 말씀을 그대로 인용한다. "내가 이 백성을 보내리니 그들이 여호와께 제사를 드릴 것이니라." 이것을 8장 1절("내 백성을 보내라 그들이 나를 섬길 것이니라")과 비교해 보면 알 수 있다. 바로는 그냥 이스라엘 사람들을 내보내겠다고 하면 그만이다. 그런데 왜 굳이 하나님이 하시는 말씀을 그대로 반복하는 것일까? 이것은 바로의 입을 통해서 출애굽의 필연성을 강조하는 것이다. 그리고 출애굽의 목적도 명확하게 밝히는 것이다. 본문기자는 바로로 하여금 출애굽에 대한 이야기를 명확하게 하게 함으로써, 출애굽이 반드시

이뤄질 것임을 보여 준다.

바로의 부탁을 들은 모세와 아론은 언제 하나님께 개구리 떼를 몰아내게 해 달라고 기도할 것인지를 바로에게 묻는다. 그러자 바로는 '내일'이라고 대답한다. 이 말을 듣고 모세는 이렇게 말한다. "왕의 말씀대로 하여 왕에게 우리 하나님 여호와와 같은 이가 없는 줄을 알게 하리니." 여기서도 우리는 아이러니를 발견한다. 바로는 하나님이 출애굽을 분명히 이루실 것임을 말할 뿐만 아니라, 개구리 떼를 떠나게 해 달라는 요청이 결국 하나님을 드러나게 하는 역할을 하기 때문이다. 즉 바로는 자신도 모르는 사이에 하나님을 높이고 드러내는 일을 한 것이라는 점에서 아이러니이다.

이튿날 모세는 바로와 약속한 대로 하나님께 간구해서 개구리 떼들을 나일 강에만 머물게 한다. 이 과정에서 애굽 사람들은 개구리 떼 썩는 냄새로 고통을 겪어야 했다. 그런데 개구리 떼로 인한 어려움에서 벗어나자, 바로는 즉각 모세와 한 약속을 파기한다. 그런데 이것은 그리 놀라운 일도 아니다. 본문기자는 이미 그것을 예측했기 때문이다. 15절을 읽어 보자.

> 그러나 바로가 숨을 쉴 수 있게 됨을 보았을 때에
> 그의 마음을 완강하게 하여(웨 하크베드 에트－립보)
> 그들의 말을 듣지 아니하였으니
> 여호와께서 말씀하신 것과 같더라

바로는 여전히 '마음을 완강하게' 한다. 제 소신을 굽히지 않는 것이다. 그리고 모세와 아론이 하는 말을 듣지 않는다. 하나님은 이미 바로가 이런 태도를 보일 것임을 모세와 아론에게 일러 주셨다.

이렇게 개구리 사건은 끝나고, 16~19절까지 티끌로 '이'를 만드는 이적을 언급한다. 그런데 본문 분량을 보면, 개구리 이적이 15절, 다음에 나오는 파리 이적이 13절인데, '이' 이적은 4절이다. 3분의 1에 불과하다. 이 이적을 그 앞뒤에 나오는 이적들과 비교해 보면, 분량이 적기 때문에 그만큼 간략하게 사건을 기록한다. 이 이적에는 하나님이 모세를 바로에게 보내시면서 "내 백성을 내보내라 (그러면) 그들이 나를 섬길 것이니라."고 말씀하라는 구절도 없다. 만약 바로가 하나님 말씀을 거역하면 하나님이 어떤 재앙을 내릴 것이라고 예고하는 구절도 없다. 그리고 바로가 하나님 말씀을 거역했다는 말도 없다. 하나님은 모세에게 명령하시고, 모세는 아론에게 지시해서 지팡이로 티끌을 쳐서 이를 만든다.

그런데 이 이적에서 특이한 것은 뱀, 피, 개구리를 만들었던 애굽의 술사들이 이를 만들지 못했다는 것이다. 그들은 최선을 다했지만, 이를 만들 수는 없었다. 나일 강물을 피로 변하게 하고, 개구리를 만드는 것보다 이를 만드는 것이 더 어려운 일인지는 알 수 없지만, 어쨌든 애굽 술사들은 이를 만들지 못했다(18절). 그래서 그들은 바로에게 "이는 하나님의 권능이니이다."라고 고백한다(19절a). 그러나 바로는 이 말에 귀를 기울이지 않는다. 그래서 본문기자는 이렇게 말한다. "바로의 마음이 완악하게 되어 그들의 말을 듣지 아니하였으니 여호와의 말씀과 같더라."(19절b). 다른 이적들에 비해 본문 분량이 짧지만, 이 구절로 마무리하는 것은 같다. 이것은 그만큼 바로가 고집이 세고, 뜻을 굽히지 않는 강인한 사람이라는 것을 보여 준다.

이 이적 다음에 본문기자는 파리 이적을 말한다. 20절을 읽어 보자.

> 여호와께서 모세에게 이르시되 아침에 일찍이 일어나 바로 앞에 서라 그가 물 있는 곳으로 나오리니 그에게 이르기를 여호와께서 이와 같이 말씀하시기를 내 백성을 보내라 그러면 그들이 나를 섬길 것이니라

나일 강물을 피로 변하게 하는 이적을 첫째 이적이라고 하면, 파리 이적은 넷째 이적이다. 그런데 첫째 이적과 넷째 이적이 문학적인 형태 면에서 비슷하다. 방금 읽은 20절을 7장 14~16절과 비교해 보자.

> 7장
> a 여호와께서 모세에게 이르시되 바로의 마음이 완강하여 내 백성 보내기를 거절하는도다
> b 아침에 너는 바로에게로 가라 보라 그가 물 있는 곳으로 나오리니 너는 나일 강 가에 서서 그를 맞으며 그 뱀 되었던 지팡이를 손에 잡고
> c 그에게 이르기를 히브리 사람의 하나님 여호와께서 나를 왕에게 보내어 이르시되 내 백성을 보내라
>
> 8장
> a′ 여호와께서 모세에게 이르시되
> b′ 아침에 일찍이 일어나 바로 앞에 서라 그가 물 있는 곳으로 나오리니
> c′ 그에게 이르기를 여호와께서 이와 같이 말씀하시기를 내 백성을 보내라 그러면 그들이 나를 섬길 것이니라

여기서 보는 대로, 첫째 재앙과 넷째 재앙은 동일한 문학형태를 보인다. 그런데 넷째 재앙에서 특이한 것은 하나님이 애굽 사람과 이스라엘 사람을 구별하시는 것이다. 물론 피, 개구리, 이 재앙 때에도 그

영향이 애굽 온 땅에 미친 것으로 보이고, 이스라엘 사람들도 동일한 어려움을 당했을 것으로 보이는데, 파리 재앙은 애굽 사람에게만 영향을 미치고, 이스라엘 사람들이 사는 곳에는 재앙이 일어나지 않게 하신다는 것이다. 물론 둘째 재앙 때 하나님은 "네 궁과 네 침실과 네 침상 위와 네 신하의 집과 네 백성과 네 화덕과 네 떡 반죽 그릇에 들어갈 것이며 개구리가 너와 네 백성과 네 모든 신하에게 기어오르리라"(3,4절)고 하심으로써 개구리 재앙으로 인한 피해가 애굽 사람들에게 집중될 것임을 말씀하시지만, 이스라엘 사람들이 그 재앙에서 제외될 것이라고 명확하게 말씀하시지는 않는다. 그런데 넷째 재앙은 이스라엘 사람들을 제외하고 애굽 사람에게만 영향을 미친다는 것을 하나님은 명확하게 말씀하신다. 하나님은 이것을 22절과 23절에서 두 번 말씀하신다. 그리고 그렇게 함으로써 바로를 비롯한 애굽 사람들이 여호와가 누구인지 알게 하신다는 것이다.

모세는 하나님이 말씀하신 대로 행하고, 애굽은 파리 재앙으로 고통을 당해서, '그 땅이 황폐'해졌다. 견디다 못한 바로는 모세와 아론을 다시 불러서 "너희는 가서 이 땅에서 너희 하나님께 제사를 드리라."고 말한다. 여기서 우리가 주목할 것은 바로가 "너희는 가서 하나님께 제사 드리라."고 하지 않았다는 것이다. 그는 '이 땅에서'를 첨부한다. 바로는 이스라엘 사람들이 하나님께 제사 드리는 것은 허용하지만, 이 땅에서 드리라고 말하는 것이다. 그러자 모세는, 만약 이스라엘 사람들이 애굽 땅에서 하나님께 제사 드리면, 애굽 사람들이 그것을 보고 이스라엘 사람들을 돌로 치지 않겠느냐고 되묻는다. 그래서 애굽 땅에서 나가야 한다고 말한다. 27절을 읽어 보자.

우리가 사흘 길쯤 광야로 들어가서
우리 하나님 여호와께 제사를 드리되
우리에게 명령하시는 대로 하려 하나이다

바로는 이스라엘 사람들을 애굽에 붙들어 놓으려 하고, 모세와 아론은 이스라엘 사람들을 출애굽시키려고 한다. 바로는 마지못해 승낙하면서도, 너무 멀리 가지는 말라고 조건을 단다. 모세는 바로에게 약속을 지킬 것을 당부한다. 그리고 모세는 바로에게 약속한 대로 하고, 파리 재앙은 지나간다. 그러나 바로는 이때에도 약속을 어긴다. 그는 마음을 완강하게 하고, 이스라엘 사람들을 보내지 않는다. 본문기자는 약속을 지키는 하나님, 모세와 아론 그리고 약속을 어기는 바로를 대비한다.

제9장 바로는 여전히 완악하다

9장은 다섯째 재앙으로 시작한다. 1절을 읽어 보자.

> 여호와께서 모세에게 이르시되 바로에게 들어가서 그에게 이르라 히브리 사람의 하나님 여호와께서 말씀하시기를 내 백성을 보내라 그들이 나를 섬길 것이니라

다섯째 재앙을 그 앞에 나온 넷째 재앙과 비교해 보면, 시작하는 문장이 다른 것을 알 수 있다. 앞에서 살펴본 대로, 넷째 재앙은 시작하는 문장이 첫째 재앙과 동일한 형태를 갖는다. 그런데 다섯째 재앙은 둘째 재앙과 동일한 형태를 갖는다. 8장 1절과 2절을 읽어 보자.

> 여호와께서 모세에게 이르시되 바로에게 가서 그에게 이르기를 여호와의 말씀에 내 백성을 보내라 그들이 나를 섬길 것이니라 네가 만일 보내기를 거절하면 내가 개구리로 너의 온 땅을 치리라

이것을 9장 1~3절과 비교해 보면, 둘째 재앙과 다섯째 재앙이 문학적으로 동일한 형태임을 알 수 있다. 그렇다면, 첫째 재앙과 넷째 재앙, 둘째 재앙과 다섯째 재앙이 같은 형태를 갖는다.

다섯째 재앙은 가축, 즉 말과 나귀와 낙타와 소와 양에게 집중하는데, 하나님이 돌림병으로 애굽의 가축들을 다 죽이겠다고 말씀하신다. 그러나 이스라엘 가축들은 구별해서 하나도 죽지 않게 하시겠다고 말씀하신다. 이렇게 이스라엘과 애굽을 구분하는 것은 넷째 재앙과 동일하다. 넷째 재앙에서부터 하나님은 이스라엘과 애굽을 분리하는 것이다. 이것은 하나님이 이스라엘을 이미 애굽으로부터 분리하셨음을 의미하고, 출애굽을 통해서 완전히 분리하실 것을 예고하시는 것이다.

그리고 기한을 하나님이 정하시고, 그 다음 날 하나님은 애굽의 모든 가축들을 죽인다. 바로가 그 소식을 듣고 신하들을 보내서 현장을 살펴보게 한다. 그러나 바로는 전혀 흔들리지 않는다.

8~12절은 여섯째 재앙을 언급하는데, 다섯째 재앙이 7절, 일곱째 재앙이 23절인 것에 비하면, 분량이 매우 적다. 이런 분량할당은 셋째 재앙을 떠올리게 한다. 셋째 재앙도 넉 절 분량이다. 그리고 문장형태도 비슷하다. 셋째 재앙과 여섯째 재앙을 비교해 보자.

> 여호와께서 모세에게 이르시되 아론에게 명령하기를 네 지팡이를 들어 땅의 티끌을 치라 그것이 애굽 온 땅에서 이가 되리라(8:16, 셋째 재앙)
>
> 여호와께서 모세와 아론에게 이르시되 너희는 화덕의 재 두 움큼을 가지고 모세가 바로의 목전에서 하늘을 향하여 날리라 그 재가 애굽 온 땅의 티끌이 되어 애굽 온 땅의 사람과 짐승에게 붙어서 악성 종기가 생기리라(9:8-9, 여섯째 재앙)

여기서 보는 대로, 셋째 재앙과 여섯째 재앙은 동일한 형태를 갖는다. 그리고 셋째 재앙에서는 애굽의 술사들이 이를 만들려고 했지만, 만들지 못했는데, 여섯째 재앙에서는 애굽의 술사들이 악성 종기로 인해서 모세와 대결하지 못하게 되었을 뿐만 아니라, 그들로부터 악성종기가 애굽 사람들에게 퍼져 나갔다고 한다. 이런 상황인데도 불구하고, 바로는 전혀 자신의 뜻을 굽히지 않는다. 본문기자는 하나님이 바로의 마음을 완악하게 했으며, 하나님이 이미 모세에게 일러 주신 대로, 바로가 하나님 말씀을 듣지 않았다고 말한다.

지금까지 우리가 이야기한 것을 정리해 보면, 첫째 재앙＝넷째 재앙, 둘째 재앙＝다섯째 재앙, 셋째 재앙＝여섯째 재앙으로 연결된다.

일곱째 재앙은 분량이 스물세 절이나. 본문기사는 내단히 많은 분량을 일곱째 재앙에 할애하는데, 이것은 그만큼 중요하기 때문일 것이다. 지금부터 본문기자가 일곱째 재앙에 왜 이렇게 많은 지면을 할애하는지 살펴보기로 하자.

먼저 일곱째 재앙이 시작하는 13절을 함께 읽어 보자.

> 여호와께서 모세에게 이르시되 아침에 일찍이 일어나 바로 앞에 서서 그에게 이르기를 히브리 사람의 하나님 여호와의 말씀에 내 백성을 보내라 그들이 나를 섬길 것이니라

"아침에 일찍이 일어나 바로 앞에 서서"라는 구절은 첫째 재앙과 넷째 재앙에 공통적으로 나온 문구이다. 그렇다면, 일곱째 재앙은 첫

째 재앙과 넷째 재앙과 동일한 문학 형태를 갖는다. 그래서 첫째 재앙=넷째 재앙=일곱째 재앙으로 엮인다. 여기서 우리가 추측할 수 있는 것은 둘째 재앙=다섯째 재앙=여덟째 재앙, 셋째 재앙=여섯째 재앙=아홉째 재앙이라는 것이다. 앞으로 본문을 차근차근 읽으면서, 우리 추측이 맞는지 확인해 보자.

우선 여기서는 일곱째 재앙을 살펴보기로 하자. 다섯째 재앙은 가축들이 돌림병으로 인해 죽임을 당하는 것이고, 여섯째 재앙은 악성 종기가 사람과 가축들에게 발생하는 것이었다. 그런데 다섯째 재앙과 여섯째 재앙에서 바로가 그 재앙을 중지해 달라고 요청하지 않는 것으로 보아, 그다지 큰 타격을 입지는 않은 듯하다. 만약 그렇다면, 하나님은 작전을 잘못 쓰신 것으로 볼 수밖에 없다. 처음에는 약하게 시작하고, 갈수록 강도가 높아져야 하는데, 다섯째, 여섯째 재앙이 앞에 일어난 재앙보다 강도가 약해서 바로가 하나님께 아쉬울 것이 없는 상황이라면, 하나님이 전략을 잘못 세운 것이다. 하나님도 그것을 아셨는지 14절에서 이렇게 말씀하신다.

> 내가 이번에는 모든 재앙을 너와 네 신하와 네 백성에게 내려 온 천하에 나와 같은 자가 없음을 네가 알게 하리라

이 구절에서 우리는 하나님 자존심이 매우 상했음을 짐작할 수 있다. 이 구절에서 우리는 하나님이 무엇을 중요하게 여기시는지 알 수 있는데, 애굽 사람들이 하나님이 어떤 분인지를 진심으로 알기를 원하신다. 그리고 자신을 우습게 여기는 바로에게 이렇게 말씀하신다.

내가 손을 펴서 돌림병으로 너와 네 백성을 쳤더라면 네가 세상에서 끊어졌을 것이나
내가 너를 세웠음은 나의 능력을 네게 보이고 내 이름이 온 천하에 선파되게 하려 하였음이니라(15,16절)

하나님은 자신이 애굽 사람들을 잔인하게 대하지 않았다고 말한다. 만약 하나님이 애굽 사람들을 강하게 쳤다면, 그들 가운데 아무도 살아남지 못했을 것이고, 바로 역시 왕좌에서 물러날 수밖에 없었을 것이다. 그런데 하나님은 바로와 그 백성을 죽이는 것이 목적이 아니고, 그들을 통해서, 그들이 보이는 완악함을 통해서 하나님을 애굽 사람들과 세상 모든 사람에게 알리는 것을 목적으로 삼는다. 이것이 하나님 뜻인데, 바로는 그것을 모르고, 제 스스로 교만해져서 하나님을 우습게 여기고, 하나님 명령을 거역하는 어리석음을 저지르고 있다는 것이다. 그래서 하나님은 지금까지와는 다르게 재앙의 강도를 한층 높이겠다고 경고하신다. 18절을 읽어 보자.

내일 이맘때쯤 내가 무거운 우박을 내리리니 애굽 나라가 세워진 그 날로부터 지금까지 그와 같은 일이 없었더라

이 구절에서 우리는 하나님이 애굽에 내리시는 재앙의 강도를 짐작할 수 있다. 이제 애굽은 애굽 역사상 유래가 없는 재앙을 당할 것이다. 그런데 하나님이 재앙을 내리시려면 즉각 재앙을 내리실 일이지, 왜 만 하루('내일 이맘때쯤')의 시간적 여유를 두는 것일까? 이 구절에서 우리는 하나님이 마음 약한 분임을 알 수 있다. 하나님은 애굽에게 그렇게 경고하시고, 일정한 시간, 즉 회개할 시간을 주시는 것이다. 하나님 말씀에 순종할 기회를 주시는 것이다.

하나님은 우박을 내려서 집 밖이나 들판에 있는 것은 무엇이든지 죽이겠다고 경고하신다. 이 말을 듣고 어떤 애굽 사람들은 종들과 가축들을 집으로 들였지만, 상당수 사람들은 그대로 두었다가 후회막급한 일을 당한다. 이것은 매우 의미 깊은 구절이다. 애굽 사람들 가운데 몇 차례 재앙을 겪으면서, 모세와 아론이 하는 말에 귀를 기울이는 사람들이 생겨나기 시작했다는 것이다. 이것은 여섯째 재앙까지는 나타나지 않은 현상인데, 그런 사람들이 점차 늘어갈 것은 명약관화하다.

하나님은 그렇게 만 하루의 시간적 여유를 주신 다음, 모세에게 명령해서 애굽 전역에 엄청난 우박을 내리게 하신다. 본문기자는 이 장면을 이렇게 묘사한다.

> 모세가 하늘을 향하여 지팡이를 들매 여호와께서 우렛소리와 우박을 보내시고 불을 내려 땅을 달리게 하시니라 여호와께서 우박을 애굽 땅에 내리시매 우박이 내림과 불덩이가 우박에 섞여 내림이 심히 맹렬하니 나라가 생긴 그 때로부터 애굽 온 땅에는 그와 같은 일이 없었더라 우박이 애굽 온 땅에서 사람과 짐승을 막론하고 밭에 있는 모든 것을 쳤으며 우박이 또 밭의 모든 채소를 치고 들의 모든 나무를 꺾었으되(23~25절)

이 구절들을 읽으면서 떠오르는 단어가 초토화(焦土化)이다. 본문의 상황은 그야말로 초토화이다. 초토화는 땅이 다 불타 버렸다는 것인데, 아무것도 남은 것이 없는 황폐한 상황을 가리킨다. 하나님은 우박을 내려서 애굽 온 땅을 초토로 만들어 버렸다. 본문기자는 하나님이 애굽을 얼마나 지독하게 망가뜨리는지를 상세하게 묘사한다. 하나님이 본때를 보이려고 작정하신 게 분명하다.

애굽의 온 땅이 우박으로 인해 완전히 망가지는 것을 현장보도한 다음, 본문기자는 "이스라엘 자손들이 있는 그 곳 고센 땅에는 우박이 없었"다(26절)고 말한다. 하나님은 넷째 재앙 이후로 계속 애굽 사람들과 이스라엘 사람을 구분하시고, 재앙을 애굽 사람에게만 내리신다.

우박으로 인한 피해가 얼마나 극심했던지 바로는 완전 항복한다. 바로는 모세와 아론을 불러서 이렇게 말한다.

> 이번은 내가 범죄하였노라
> 여호와는 의로우시고
> 나와 나의 백성은 악하도다(27절)

바로는 아주 놀라운 말을 한다. 그저 재앙을 철회해 달라고 요청하는 것이 아니다. 그는 자신이 이번에 죄를 지었다고 말한다. 그리고 여호와는 의로우시고, 자신과 애굽 사람들은 악하다고 말한다. 이것은 놀라운 고백이다. 우박 재앙이 얼마나 심했는지를 짐작할 수 있다. 이렇게 말한 다음, 바로는 모세에게 우박 재앙을 중지할 것을 요청한다. 그러면 이스라엘 사람들이 애굽에서 나가게 하겠다고 말한다. 바로는 "내가 너희를 보내리니 너희가 다시는 머물지 아니하리라."고 말하면서, 이스라엘 사람들을 반드시 출애굽게 할 것을 약속한다.

이 말을 듣고 모세는 우박 재앙 중지를 약속하고, 이것을 통해서 "세상이 여호와께 속한 줄을 왕이 알리이다."고 말한다(29절). 상당히 긍정적인 평가이다. 이제 모든 어려움은 지나가고, 이스라엘 사람들이 출애굽할 때가 임박한 것인가? 하나님이 엄청난 우박 재앙을 내려서 애굽을 초토화하고 바로가 그렇게 다급하게 모세와 아론을 찾고, 죄를 지었다고 고백하고, 출애굽을 다짐하는 것을 보면, 그런 생각이 든다. 그러나 산전수전 다 겪은 모세가 세상사를 그리 만만하게 볼 리가 없다. 모세는 바로에게 이렇게 말한다.

> 그러나 왕과 왕의 신하들이 여호와 하나님을 아직도 두려워하지 아니할 줄을 내가 아나이다(30절)

모세는 바로가 그렇게 순순히 이스라엘 사람들을 내보내지 않을 것을 알고 있다. 하나님이 그에게 이미 말씀하셨고, 바로와 그 신하들을 겪어 보면서, 그들을 다 파악했기 때문이다. 모세는 사물의 이치와 사람 마음을 꿰뚫어 보는 놀라운 시각을 갖고 있다. 모세가 말한 대로, 바로는 우박 재앙이 그치자 말자, 자신이 철석같이 한 약속을 바로 뒤집는다. 본문기자는 이렇게 말한다. 34절과 35절을 읽어 보자.

> 바로가 비와 우박과 우렛소리가 그친 것을 보고 다시 범죄하여 마음을 완악하게 하니 그와 신하가 꼭 같더라 바로의 마음이 완악하여 이스라엘 자손을 내보내지 아니하였으니 여호와께서 모세에게 말씀하심과 같더라

본문기자는 지금까지 바로가 하나님께 범죄했다는 말을 한 적이 없다. 그런데 여기서는 '다시 범죄하여'라고 함으로써 바로의 행위가 하나님을 거역하는 죄악임을 명확하게 밝힌다. 물론 '범죄'라는 말은 바로가 먼저 사용한다. 그는 자신과 백성들이 악하다고 말한다. 그러

나 약속을 뒤집으면서, 바로는 자신이 한 고백도 뒤집어 놓는 죄를 다시 범하는 것이다.

그런데 하나님이 그렇게 애굽 땅을 우박으로 초토화했는데도 불구하고 바로와 그 신하들이 이스라엘 사람들을 내보내지 않은 까닭은 무엇일까? 본문기자는 그 이유를 31절과 32절에서 밝힌다. 우박으로 삼과 보리는 상했지만, 밀과 쌀보리는 아직 자라지 않아서 피해를 입지 않았고, 바로는 거기에 희망을 건 것이다. 그걸 믿고 약속한 것을 뒤집는 것이다.

바로는 하나님이 아무리 우박을 내려서 애굽을 황폐케 해도 자신의 뜻을 결코 굽힐 수 없다는 것을 보여 주고 싶었을 것이다. 그러나 그가 말한 대로 그는 '범죄'하고 '악'한 사람이고, 하나님 뜻에 굴복할 수밖에 없을 것이다.

제10장 애굽 사람들도 서서히 지쳐 가고

출애굽기 10장은 여덟째 재앙으로 시작한다. 1~3절을 읽어 보자.

> 여호와께서 모세에게 이르시되 바로에게로 들어가라 내가 그의 마음과 그의 신하들의 마음을 완악하게 함은 나의 표징을 그들 중에 보이기 위함이며 네게 내가 애굽에서 행한 일들 곧 내가 그들 가운데에서 행한 표징들을 네 아들과 네 자손의 귀에 전하기 위함이라 너희는 내가 여호와인 줄을 알리라 모세와 아론이 바로에게 들어가서 그에게 이르되 히브리 사람의 하나님 여호와께서 말씀하시기를 네가 어느 때까지 내 앞에 겸비하지 아니하겠느냐 내 백성을 보내라 그들이 나를 섬길 것이라

그런데 이 구절들은 다섯째 재앙에 대해서 말하는 9장 1절과 비슷하다.

> 여호와께서 모세에게 이르시되 바로에게 들어가서 그에게 이르라 히브리 사람의 하나님 여호와께서 말씀하시기를 내 백성을 보내라 그들이 나를 섬길 것이니라(9:1)

> 여호와께서 모세에게 이르시되 바로에게로 들어가라 내가 그의 마음과 그의 신하들의 마음을 완악하게 함은 나의 표징을 그들 중에 보이기 위함이며 네게 내가 애굽에서 행한 일들 곧 내가 그들 가운데에서 행한 표징들을 네 아들과 네 자손의 귀에 전하기 위함이라 너희는 내가 여호와인 줄을 알리라 모세와 아론이 바로에게 들어

가서 그에게 이르되 히브리 사람의 하나님 여호와께서 말씀하시기를 네가 어느 때까지 내 앞에 겸비하지 아니하겠느냐 내 백성을 보내라 그들이 나를 섬길 것이라

여기서 보는 대로, 여덟째 재앙은 다섯째 재앙과 동일한 문학적 형태를 보이고, 이 둘은 둘째 재앙과 동일한 양상을 보인다. 그래서 '둘째 재앙=다섯째 재앙=여덟째 재앙'의 구조를 갖는다. 그런데 본문기자는 여덟째 재앙을 언급하는 구절을 상당히 확장한다. 확장한 구절에서 본문기자는 하나님이 애굽 사람들에게 자신이 누구인지를 알리려 하신다는 사실을 강조한다. 하나님은 하나님이 어떤 분인지 애굽 사람들이 알기를 원하신다. 하나님은 인간들이 고집을 피워서 일이 어려워지는 상황을 그들에게 하나님을 알리는 기회로 삼으신다. 그들이 완악하면 할수록 하나님은 그들에게 더욱 강력하게 역사하실 것이고, 이를 통해서 하나님이 누구신지 그들에게 더욱 분명하게 알리실 것이다. 그래서 결국 애굽 사람들도 자자손손 하나님 역사를 전하게 하려고 하신다. 하나님이 기대하시는 것은 이것이다. 하나님은 바로가 하나님을 거역하는 것을 원치 않으신다. 하나님 앞에 겸손하기를 원하신다. "네가 어느 때까지 내 앞에 겸비하지 아니하겠느냐?"라는 말씀은 바로를 책망하는 말씀이기도 하지만, 바로가 회개하고 겸손하게 하나님 말씀에 따르기를 원하시는 간절한 심정을 드러내시는 말씀이기도 하다.

하나님은 이렇게 바로와 애굽 사람들이 겸손하기를 원하시지만, 그들은 그럴 마음이 없다. 그래서 하나님은 애굽 땅에 메뚜기 떼를 보내신다. 이 메뚜기 떼는 땅에서 나는 모든 식물들을 먹어치울 것이

다. 하나님이 이 재앙을 준비하신 까닭은 일곱째 재앙에서 밀과 쌀보리가 온전하게 남았기 때문이다. 바로가 이것을 보고 그 엄청난 우박 재앙에도 불구하고 하나님 말씀을 거역했던 것이다. 그래서 하나님은 메뚜기들을 보내서 애굽 사람들이 먹고살 만한 것들을 모조리 먹어 치우게 하려 하신다. 하나님은 이 메뚜기 재앙을 통해서 이제는 더 이상 바로와 애굽 사람들이 버틸 수 없게 만드시려는 듯하다. 6절을 읽어 보자.

> 또 네 집들과 네 모든 신하의 집들과 모든 애굽 사람의 집들에 가득하리니 이는 네 아버지와 네 조상이 이 땅에 있었던 그 날로부터 오늘까지 보지 못하였던 것이리라

우리는 이 구절에서 하나님이 애굽을 완전히 궁지에 몰아넣기로 작정하셨음을 알 수 있다. 물론 이와 비슷한 구절이 9장에도 나온다.

> 내일 이맘때면 내가 무거운 우박을 내리리니 애굽 나라가 세워진 그 날로부터 지금까지 그와 같은 일이 없었더라(18절)

하나님이 모세를 통해서 바로에게 이렇게 말씀하셨는데, 이 구절보다 10장 6절이 더 강력하게 보인다. 이 말씀을 전하는 모세와 아론도 우박 재앙 때보다 더 긴장하고 비장한 표정으로 바로에게 말씀을 전했을 것이다. 모세와 아론은 바로에게 그렇게 하나님 말씀을 전하고 궁에서 나온다. 우박 재앙을 겪으면서 애굽 온 지역이 황폐화된 상황에서 메뚜기 재앙은 치명타가 될 것이다. 바로의 신하들이 그것을 예측한 것으로 보인다. 그들은 우박 재앙에 이은 메뚜기 재앙으로

애굽이 어떤 상황에 처할 것인지를 너무도 잘 알았다. 그래서 바로에게 이렇게 말한다. 7절을 읽어 보자.

> 바로의 신하들이 그에게 말하되 어느 때까지 이 사람이 우리의 함정이 되리이까 그 사람들을 보내어 그들의 하나님 여호와를 섬기게 하소서 왕은 아직도 애굽이 망할 줄을 알지 못하시나이까

이것은 애굽의 상황이 매우 심각함을 우리에게 보여 준다. 지금까지 바로의 신하들은 바로와 뜻을 같이했기 때문이다. 하나님도 바로와 그의 신하들을 함께 묶어서 말씀하시고, 모세도 바로와 그의 신하들을 한 무리로 본다. 그런데 바로와 그 신하들이 이제 뜻을 달리하는 것이다.

그런데 바로의 신하들이 바로와 뜻을 달리하는 것은 이미 우박 재앙에서 드러나기 시작한다. 9장 20절을 읽어 보자.

> 바로의 신하 중에 여호와의 말씀을 두려워하는 자들은 그 종들과 가축을 집으로 피하여 들였으나

이렇게 보면, 우박 재앙이 사태 해결의 분수령이 된 것 같다. 그러나 우박 재앙 때에는 바로와 그 신하들이 뜻을 달리하는 것이 그렇게 명확하게 드러나지 않았다. 모세가 "왕과 왕의 신하들이 여호와 하나님을 두려워하지 아니할 줄을 내가 아나이다."(9:30)라고 말하는 것을 보면, 바로와 바로의 신하들이 아직 유대관계를 맺고 있는 것으로 보인다. 그런데 이러한 유대관계는 모세가 메뚜기 재앙을 바로에게 경

고하면서 급격히 흔들린다. 바로의 신하들은 바로로 하여금 의지를 꺾고 이스라엘 사람들을 내보내라고 강력히 촉구한다. 바로의 신하들은 애굽이 우박 재앙으로 심각한 상태에 빠졌고, 메뚜기 재앙으로 회복할 수 없는 지경에 처할 것이라고 말한다. 그들은 바로에게 뜻을 철회할 것을 촉구하면서 궁을 나선 모세와 아론을 다시 바로에게 데려간다. 이렇게 되자 바로도 할 수 없이 출애굽을 허용한다. 바로가 하는 말을 들어 보자.

> 가서 너희의 하나님 여호와를 섬기라 갈 자는 누구누구냐(8절)

이 구절은 바로가 신하들의 요청에 못 이겨 출애굽을 허용하지만, 내심으로는 전혀 허락할 뜻이 없음을 보여 준다. 이것은 그 다음에 모세와 나누는 대화에서도 드러난다. 모세는 모든 사람들과 아울러 가축들도 다 출애굽해야 한다고 말하지만, 바로는 다른 가족들은 애굽에 남겨 두고 장정들만 나가서 하나님께 제사하(고 다시 돌아오)라고 말한다. 실제로 바로는 출애굽을 허용할 생각이 전혀 없는 것이다. 그래서 바로의 신하들이 주선해서 다시 시작한 협상은 결국 실패로 끝난다. 본문기자는 모세와 아론이 바로 앞에서 쫓겨났다고 말한다. 이것은 바로가 아직도 얼마나 의지가 강한지 보여 주는 것이다. 바로는 아직도 현실파악을 못 하는 것으로 보인다. 그는 신하들이 그렇게 간곡하게 이야기를 하는데도 불구하고 메뚜기 재앙이 어떤 비극적인 결말을 가져다줄 것인지 상상도 못 한 듯하다. 바로는 자신이 나라를 살리기 위해 애쓴다고 생각하지만, 결국 나라를 망하게 하는 '매국노' 역할을 하는 아이러니를 저지른다.

하나님은 바로 앞에서 쫓겨난 모세와 아론에 명령해서 메뚜기 떼를 애굽 땅에 날아오게 해서 "우박에 상하지 아니한 밭의 모든 채소를 먹게" 하신다. 그 끔찍한 광경을 본문기사는 이렇게 묘사한다.

> 메뚜기가 애굽 온 땅에 이르러 그 사방에 내리매 그 피해가 심하니 이런 메뚜기는 전에도 없었고 후에도 없을 것이라 메뚜기가 온 땅을 덮어 땅이 어둡게 되었으며 메뚜기가 우박에 상하지 아니한 밭의 채소와 나무 열매를 다 먹었으므로 애굽 온 땅에서 나무나 밭의 채소나 푸른 것은 남지 아니하였더라(14~15절)

상황이 이렇게 되자, 비로소 바로는 다급해져서 모세와 아론을 불러들인다. 그리고 이렇게 말한다. 16절과 17절을 읽어 보자.

> 내가 너희의 하나님 여호와와 너희에게 죄를 지었으니
> 바라건대 이번만 나의 죄를 용서하고 너희의 하나님 여호와께 구하여
> 이 죽음만은 내게서 떠나게 하라

바로는 메뚜기 재앙을 겪으면서 '죽음'의 공포를 경험한 것으로 보인다. 이 구절은 9장 27~28절과 비슷한데, 여기서 바로가 모세에게 이스라엘 백성을 내보내겠다는 약속을 하지 않는 것이 다르다. 우리는 죽음의 공포를 경험한 바로가 이스라엘 사람들을 즉각 내보낼 것으로 기대하면서 이 구절을 읽지만, 그래서 바로가 이스라엘 사람들을 내보낸다고 명확하게 말한 것 같은 느낌을 강하게 받지만, 실제로는 그런 약속은 한마디도 하지 않는다. 그리고 실제로 바로는 그런 어려움을 겪었는데도 불구하고 이스라엘 사람들을 내보내지 않는다(20절). 정말 바로는 의지가 강한 사람임에 분명하다.

이렇게 해서 하나님이 최고의 강도로 애굽에 내리신 두 가지 재앙, 우박 재앙과 메뚜기 재앙은 애굽 사람들에게 많은 고통을 주고, 바로 자신도 죽음의 공포를 느끼게 했지만, 결국 바로의 마음을 돌리지 못한 채, 그렇게 끝난다.

다음에는 어떤 재앙이 바로와 애굽 사람들에게 임할 것인가? 우박과 메뚜기 재앙보다 더 강력한 재앙은 무엇일까? 그런데 그 다음 재앙, 즉 아홉째 재앙은 우리가 예상하는 것과는 달리 '흑암'이다. 21절을 읽어 보자.

> 여호와께서 모세에게 이르시되 하늘을 향하여 네 손을 내밀어 애굽 땅 위에 흑암이 있게 하라

흑암 재앙을 통해서 하나님은 애굽 사람들이 3일 동안 한 치 앞도 볼 수 없는 어둠 속에서 살게 하신다. 이 3일 동안 애굽 사람들은 서로의 모습을 전혀 보지 못하고, 일할 엄두도 못 내고, 그저 자리에 누워서 지내야 했다. 본문기자는 "처소에서 일어나는 자가 없다."고 말한다. 온 애굽의 모든 것이 정지해 버린 것이다. 단 3일이었지만, 이것은 우박 재앙이나 메뚜기 재앙보다 애굽 사람들을 더 고통스럽게 했던 모양이다. 그리고 놀라운 사실은 하나님이 애굽 사람과 이스라엘 사람을 구별하셔서 애굽 사람들이 거하는 곳에는 어둠이 임하게 했지만, 이스라엘 사람들이 거하는 곳에는 햇빛이 비치게 하셨다(23절). 이 사실로 인해서 바로와 애굽 사람들은 하나님이 이스라엘을 얼마나 사랑하시며, 하나님이 얼마나 능력 있는 신인지 알았을 것이다.

그리고 어둠이 이토록 엄청난 고통을 가져다준다는 사실을 새롭게 알았다. 그래서 바로는 메뚜기 재앙 때에도 하지 않았던 말을 모세에게 한다. 24절을 읽어 보자.

> 바로가 모세를 불러서 이르되 너희는 가서 여호와를 섬기되 너희의 양과 소는 머물러 두고 너희 어린 것들은 너희와 함께 갈지니라

여기서 보는 대로, 바로는 암흑 재앙으로 상당히 고통을 겪은 것으로 보이지만, 그럼에도 불구하고 근본적으로는 이스라엘 사람들을 내보낼 마음이 전혀 없다. 정말 하나님이 바로의 마음을 완악하게 하셨다고 할 만큼, 바로는 의지가 강하다. 여러 재앙들을 겪으면서 뜻을 굽힐 듯한데, 바로는 여전히 강인하다.

이런 바로의 심중을 짐작한 모세와 아론은 바로의 제안을 거절한다. 만약 그렇게 한다면, 하나님께 제사 드릴 때 필요한 제물들을 왕이 공급해야 하는데(25절), 그것은 말도 안 되는 것이고, 그렇기 때문에 장정과 아이들뿐만 아니라 모든 가축들도 함께 나가게 해야 한다고 주장한다. 모세는 이스라엘 사람들이 그동안 키우던 가축들을 데리고 나가야 하는 까닭을 이렇게 설명한다. 26절을 읽어 보자.

> 우리의 가축도 우리와 함께 가고 한 마리도 남길 수 없으니 이는 우리가 그 중에서 가져다가 우리 하나님 여호와를 섬길 것임이며 또 우리가 거기에 이르기까지는 어떤 것으로 여호와를 섬길는지 알지 못함이니이다

모세는 바로가 제안하는 것을 수용하려는 마음이 없고, 바로 역시 자기주장을 굽힐 마음이 없어서, 서로 논쟁을 벌이다가, 결국 바로가 모세와 아론을 내보낸다. 그 장면을 본문기자는 이렇게 묘사한다. 27~29절을 읽어 보자.

> 여호와께서 바로의 마음을 완악하게 하셨으므로 그들 보내기를 기뻐하지 아니하고 바로가 모세에게 이르되 너는 나를 떠나가고 스스로 삼가 다시 내 얼굴을 보지 말라 네가 내 얼굴을 보는 날에는 죽으리라 모세가 이르되 당신 말씀하신 대로 내가 다시는 당신의 얼굴을 보지 아니하리이다

이 구절들을 보면, 바로와 모세 사이의 협상이 완전 실패로 끝난 것을 알 수 있다. 바로와 모세는 협상 결렬을 극단적 어조로 선언한다. 바로는 모세에게 앞으로 다시는 자기 얼굴을 보지 말라고 하면서, 그럴 경우 모세를 죽이겠다고 위협한다. 그리고 모세도 다시는 바로를 만날 일이 없다고 강하게 말한다. 이렇게 아홉째 재앙이 끝난다.

제11장 마지막 재앙을 예고하다

우리가 지금까지 확인한 대로, 바로는 여러 가지 어려움을 겪으면서도 자신의 의지를 전혀 굽히지 않았다. 그동안 자신을 지지해 온 신하들까지 나서서 이스라엘 사람들을 출애굽시키는 것이 국가를 살리는 길이라고 간언했지만, 바로는 듣지 않았다. 바로는 이스라엘 사람들을 애굽에서 내보내고 싶은 마음이 전혀 없었다. 아홉 가지 재앙들을 겪으면서 그 의지가 흔들릴 만한데, 바로는 그렇지 않았다. 뜻을 돌이키는 듯해 보이는 말을 하기도 하지만, 그것은 재앙을 벗어나려는 임시방편이었을 뿐이다. 정말 바로는 의지가 강한 사람임에 분명하다. 그는 어떤 어려움을 당해도 이스라엘 사람들을 내보내려고 하지 않았다.

그런데 왜 그토록 바로는 이스라엘 사람들에게 집착하는가? 신하들마저 그러다가 나라가 큰 어려움을 당할 수 있다고 충언하는데도 불구하고 이스라엘 사람들을 내보내지 않으려는 의도가 무엇일까? 하나님이 바로를 완악하게 하셨다고 할 만큼 그렇게 강한 의지로 이스라엘 사람들을 애굽에 붙들어 두려는 것은 무슨 까닭에서일까?

바로는 이스라엘 사람들을 내보내는 것이 국가에 막대한 손실을 준다고 생각했는지도 모른다. 아니면 우리가 알 수 없는 개인적인 이유가 있었는지도 모르겠다. 어쨌든 바로가 이스라엘 사람들에게 강하게 집착한 것만은 분명하다.

이런 점에서 바로는 하나님과 대비된다. 하나님 역시 이스라엘 사람들에게 집착하기 때문이다. 하나님은 이스라엘 사람들을 끝내 출애굽시키려 하신다. 바로는 이스라엘 사람들을 내보내지 않으려 하고, 하나님은 이스라엘 사람들을 내보내려고 한다. 바로는 이스라엘 사람들을 계속 붙들어 두고 자신을 섬기며 노역을 시키려고 했을 것이고, 하나님은 이스라엘 사람들을 내보내서 그들이 하나님을 섬기며 하나님 뜻에 따르는 나라를 세우게 하려 하셨다. 바로도 하나님도 이스라엘을 일하게 한다는 점에서는 같다. 그러나 바로는 이스라엘을 종으로 삼아서 중노동을 시키고, 하나님은 이스라엘을 백성으로 삼아서 하나님을 섬기게 한다.[21] 그래서 이스라엘 사람들을 가운데 두고 하나님과 바로가 서로 겨루는 양상이다. 과연 이 겨루기에서 누가 이길 것인가?

하나님과 바로가 벌이는 이 치열한 겨루기는 이제 막판을 향해 나아간다. 바로와 벌인 최종 협의가 서로 간에 골만 더욱 깊게 하는 극단적인 발언들을 주고받으며 아무런 성과 없이 끝난 다음, 하나님은 모세에게 최종 지시를 하신다. 1절을 읽어 보자.

---

21) '섬기다'(아바드)는 '일하다'는 의미도 갖는다.

여호와께서 모세에게 이르시기를 내가 이제 한 가지 재앙을 애굽에 내린 후에야 그가 너희를 여기서 내보내리라 그가 너희를 내보낼 때에는 여기서 반드시 다 쫓아내리니

하나님은 모세에게 마지막 재앙에 관해 말씀하신다. 그리고 이 재앙으로 인해 바로가 이스라엘 사람들을 모두 다 내보낼 것이라고 확실하게 말씀하신다. 우리는 지금까지 아홉 차례나 진행되어 온 하나님과 바로 사이의 겨루기를 지켜보면서, 바로가 얼마나 강인한 사람인지를 확인하면서 동시에 하나님이 얼마나 무기력한지도 살펴보았다. 하나님이 재앙을 내리는 것이 분명하지만, 우리가 보기에는 그것들이 그리 시원찮게 여겨졌기 때문이다. 그 재앙들로 바로와 애굽 사람들이 약해지기는커녕, 오히려 더 악해졌기 때문이다. 초기 재앙들은 바로의 술사들도 행함으로써, 그것이 비록 제 스스로를 해롭게 하는 아이러니를 발생케 했지만, 그럼에도 불구하고 하나님의 능력이 별 게 아니라는 생각을 갖게 한다. 그리고 한두 가지도 아니고 아홉 가지 재앙을 일으켰는데도 불구하고 바로가 전혀 뜻을 굽힐 마음이 없을 뿐 아니라, 더 완악해지는 모습을 보면서, 과연 하나님이 이 겨루기에서 이길 수 있을 것인지 의심하게 한다.

그런데 하나님은 왜 단번에 바로를 꺾지 않고, 열 번째 겨루기까지 하셨을까? 이것은 우리에게 하나님이 어떻게 역사하시는지, 하나님이 일하시는 방식을 보여 준다는 점에서 매우 중요하다. 하나님의 역사는 점차적으로 이뤄진다는 것이다. 하나님은 단번에 모든 것을 다 뒤엎는 방식으로 일하시는 것이 아니다. 씨앗을 심고 그 다음 날 열매를 따려고 하는 것이 어리석은 일이듯이, 하나님 역사를 그렇게 생각

하는 것도 어리석은 일이다. 겨자씨가 나무가 되는 비유는 하나님 나라의 신비를 우리에게 들려주는데, 겨자씨가 갑자기 나무가 된 기적을 보여 주지는 않는다는 사실을 알아야 한다. 겨자씨는 일반적인 과정을 통해 나무로 자란다. 하나님 나라는 그렇게 서서히 이뤄진다는 것이다. 그래서 하나님은 열 가지 재앙을 통해서 이스라엘 사람들을 출애굽시키시는 것이다. 너무 더뎌서 속이 터질 듯 답답해도, 하나님은 그렇게 일하신다. 그리고 이제 그 마지막 단계에 이른 것이다. 대책 없이 일을 벌이는 것 같아도, 하나님은 치밀하게 일을 계획하시고, 하나하나 섬세하게 빈틈없이 일을 처리하신다. 그래서 결국 하나님 뜻을 이루시고야 만다. 1절은 이것을 우리에게 들려준다.

그런데 1절을 읽어 보면, 하나님은 어떻게 해야 바로가 뜻을 꺾을 것인지를 잘 알고 계셨다. 하지만 그 방법을 단번에 사용하지 않으셨다. 왜 그러셨을까? 하나님은 다양한 방식으로 바로와 애굽 사람들을 괴롭히셨다. 그러면서 그들에게 자신을 알리려 하셨다. 그래서 아홉 가지 재앙은 하나님이 애굽에 내린 벌이라기보다 하나님이 주시는 아홉 번의 기회였다. 하나님은 그들에게 하나님이 누구신지를 깨달을 수 있는 아홉 번의 기회를 주셨다. 하지만 바로는 그 기회들을 모두 놓쳐 버렸다. 그래서 이제 마지막 단계로 들어갈 수밖에 없는 상황에 놓였다.

하나님은 마지막 재앙을 준비하셨다고 말씀하시는데, 그것이 무엇인지는 아직 알려 주지 않으신다. 물론 우리는 성경을 처음 읽는 게 아니기 때문에 마지막 재앙이 무엇인지 알지만, 그러나 본문을 읽어 가는 순서대로 본다면, 모세도 바로도 마지막 재앙이 무엇인지 모른다. 그래서 모세는 마지막 재앙이 무엇인지 궁금했을 것이다. 그러나 히나님께 묻지는 않는다.

하나님은 모세에게 마지막 재앙에 대해 말씀하시기 전에 백성들이 해야 할 일을 모세에게 일러 주신다. 2절을 읽어 보자.

> 백성에게 말하여 사람들에게 각기 이웃들(레에후)에게 은금패물을 구하게 하라 하시더니

하나님은 이스라엘 사람들이 각기 이웃들에게 은금패물을 구하게 하라고 모세에게 지시하신다. 이것은 이미 하나님이 3장 21절과 22절에서 말씀하셨다. 그런데 여기서 말하는 '이웃' 또는 '친구'는 이스라엘 사람이 아닐 것이다. 이스라엘 사람들끼리 은금패물을 주고받는 것은 의미 없는 일이기 때문이다. 그렇다면 이 '이웃'은 애굽 사람인 것이 분명한데, 하나님은 왜 이스라엘 사람들로 하여금 애굽 사람들에게 은금패물을 구하게 하셨을까? 그리고 애굽 사람들이 이스라엘 사람들에게 '이웃'이라면, 이스라엘 사람들이 애굽 사람들과 함께 어우러져 살았다는 것인가? 이 구절을 이해하기가 쉽지 않다. 그런데 이 구절은 다음 구절과 아울러 우리가 당시 상황을 짐작할 수 있는 중요한 자료를 제공한다. 3절을 함께 읽어 보자.

> 여호와께서 그 백성으로 애굽 사람의 은혜를 받게 하였고 또 그 사람 모세는 애굽 땅에 있는 바로의 신하와 백성의 눈에 아주 위대하게 보였더라

2절과 3절은 애굽 사람들이 이스라엘 사람들에게 매우 호의적이었고, 은금패물을 달라고 해도 그들에게 줄 정도였음을 알려 준다. 이것은 바로와 달리 애굽 사람들이 이미 사태 파악을 정확하게 하고 있었음을 보여 준다. 그들은 이스라엘 사람들이 출애굽하는 게 애굽과 자신들에게 유익하다는 사실을 아홉 번의 재앙을 겪으면서 깨달은 것이다. 그리고 그들은 바로와 대결하는 모세를 존경했다. 어쩌면 모세는 애굽 사람들에게 바로보다 더 인기가 있었는지 모를 일이다. 하나님은 아홉 번의 재앙을 통해서 애굽 사람들에게 이스라엘 사람들을 출애굽시키는 것이 더 유익하다는 사실을 깨닫게 하셨고, 그들이 아홉 번 거절당하면서도 뜻을 굽히지 않는 모세와 이스라엘 사람들을 더 존중하게 하셨다. 그렇게 함으로써 출애굽 사건을 당연시하게 하셨다. 이렇게 바로의 신하들과 애굽 백성들은 오히려 출애굽 사건이 빨리 일어나기를 기다리는데, 오로지 바로만 아직 고집을 꺾지 않는다. 그리고 아무리 기회를 주어도 바로는 전혀 변함이 없다. 그래서 하나님은 이제 마지막 재앙을 실행하시려 하신다.

모세는 바로에게 하나님 말씀을 전한다. 그런데 특이한 사실은 하나님은 그날 밤에 자신이 직접 애굽으로 들어가겠다고 말씀하시는 것이다. 이렇게 하나님은 친히 마지막 재앙을 실행하시겠다는 의지를 강하게 표명하신다. 그런 다음 마지막 재앙이 무엇인지 바로에게 알려 주신다. 마지막 재앙은 애굽 사람들의 모든 장자들, 그리고 가축들의 첫 새끼를 모두 죽이는 것이다. 사람들이 장자를 얼마나 각별하게 여기는가? 그 장자를 다 죽이겠다는 것이다. 애굽의 모든 장자들이 일순간에 다 죽임을 당하면, 애굽은 어떻게 될 것인가? 애굽은 '전무

후무한 부르짖음'으로 아수라장이 될 것이다.

하나님은 이렇게 마지막 재앙을 예고하시면서, 그 재앙이 이스라엘 사람들에게는 결코 임하지 않을 것임을 강력하게 말씀하신다. 7절을 읽어 보자.

> 그러나 이스라엘 자손에게는 사람에게나 짐승에게나 개 한 마리도 그 혀를 움직이지 아니하리니 여호와께서 애굽 사람과 이스라엘 사이를 구별하는(야플레)[22] 줄을 너희가 알리라

하나님은 이스라엘 사람과 애굽 사람을 구분하시고, 즉 이스라엘 사람들을 특별하게 대하시고, 이스라엘 사람에게는 재앙이 미치지 못하게 하셨다. 그렇게 하심으로써 하나님이 이스라엘 사람들을 얼마나 사랑하시는지, 하나님이 이스라엘 사람들에게 얼마나 집착하시는지를 모든 애굽 사람들에게 보여 주고자 하신다. 물론 바로의 신하들과 백성들은 이미 그 사실을 알고 있었을 것이다. 오직 한 사람, 바로만 그것을 알지 못했다. 아니 알면서도 그 사실을 인정하고 싶지 않았는지 모르겠다. 하나님이 이스라엘 사람들에게 집착하면 할수록, 바로 역시 이스라엘 사람들에 더욱 강하게 집착하면서, 그들을 절대 놓지 않으려 했을 것이다.

이렇게 하나님 말씀을 바로에게 전한 다음, 모세는 마지막으로 이렇게 말한다.

---

22) 이 단어 원형은 '팔라'인데, 이것은 '특별하게 대하다'는 의미를 갖는데, 둘을 비교할 때는 '차이를 두다'는 의미를 갖는다.

왕의 이 모든 신하가 내게 내려와 내게 절하며 이르기를 너와 너를 따르는 온 백성은 나가라 한 후에야 내가 나가리라(8절)

지금까지는 모세와 아론이 바로를 찾아가서 이스라엘 사람들을 애굽에서 내보내 달라고 호소했지만, 이제는 그렇게 하지 않겠다는 것이다. 바로의 신하들이 모세를 찾아와서 제발 나가 달라고 애원을 해야만 나가겠다는 것이다. 본문기자는 이때 모세가 '심히 노'했다고 기록한다. 지금까지 모세가 화를 낸 적은 없다. 그런 모세가 심히 분노한 채 바로와 헤어져서 궁을 나서는 것이다.

모세는 왜 화를 냈을까? 지금까지는 바로가 화를 냈다. 그런데 지금은 모세가 화를 낸다. 그것도 심하게 화를 낸다. 바로의 대책 없는 고집스러움에 답답해서 그랬는지도 모른다. 조만간 닥칠 끔찍한 일을 알지도 못한 채, 고집을 피우는 모습이 한심스러워서 그랬는지도 모른다. 이렇게 생각하는 근거를 9절과 10절에서 찾을 수 있다. 함께 읽어 보자.

여호와께서 모세에게 이르시기를 바로가 너희의 말을 듣지 아니하리라 그러므로 내가 애굽 땅에서 나의 기적을 더하리라 하셨고 모세와 아론이 이 모든 기적을 바로 앞에서 행하셨으나 여호와께서 바로의 마음을 완악하게 하셨으므로 그가 이스라엘 자손을 그 나라에서 보내지 아니하였더라

본문기자는 11장을 10절로 마무리하는데, 9절과 10절에서 바로가 얼마나 완악한지를 다시 언급한다. 그만큼 바로의 완악함을 강조하는 것이다. 그리고 바로의 완악함으로 인해 열째 재앙을 이제 피할 수 없음을 암시한다.

제12장 유월절, 전무후무(前無後無)

아홉 가지 재앙들은 연속적으로 이루어졌다. 그리고 각각의 재앙들은 예고와 실행이 바로 이어진다. 그런데 열째 재앙은 아홉째 재앙과 간격을 두고, 예고와 실행도 간격을 둔다. 아홉째 재앙이 10장 마지막에 나오는데, 열째 재앙은 11장 4절에서 예고하고, 12장 29절에서 실행된다. 이렇게 간격을 두는 이유는 무엇일까? 본문을 읽으면서, 그 까닭을 추리해 보기로 하자.

12장은 이렇게 시작한다. 1절을 읽어 보자.

여호와께서 애굽 땅에서 모세와 아론에게 일러 말씀하시되

얼핏 보기에 1절은 별 특징이 없는 관용구처럼 보인다. 그런데 '애굽 땅에서'(버에레츠 미츠라임)가 눈을 끈다. 그래서 앞 장들을 살펴보았는데, 모두 "여호와께서 모세에게 말씀하여 이르시되"이고, 6장 28절만 예외적이다.

여호와께서 애굽 땅에서 모세에게 말씀하시던 날에

그렇다면 '애굽 땅에서'는 의도적인 것으로 보인다.

하나님이 모세에게 이르시는 말씀은 '유월절 규례'이다. 하나님은 그달을 일 년 첫째 달로 정하게 하신다. 이스라엘 사람들이 사용하는 달력 체계를 바꾸게 하시고, 독자적인 달력 체계를 사용하게 하신다. 지금도 그렇지만 달력 체계는 사람들 생활에 지대한 영향을 미친다. 이스라엘 사람들은 지금까지는 애굽 달력 체계를 사용했다. 그런데 지금부터는 이스라엘의 독자적인 달력 체계를 사용하게 하시는 것이다. 그렇게 함으로써 이스라엘이 독자적인 정체성을 갖고 고유한 삶을 이뤄 가시게 하는 것이다. 그리고 출애굽 사건이 일어난 달을 첫째 달로 정하게 함으로써, 그들이 무엇을 중요하게 여기면서 살아야 할 것인지 알려 주셨다.

그리고 하나님은 이스라엘 사람들이 유월절에 어떻게 해야 하는지 상세하게 일러 주신다. 유월절 준비는 나흘 전부터 시작한다. 즉 그달 10일에 이스라엘 사람들은 각 가정별로 어린 양이나 염소를 한 마리씩 선택하는데, 가족 수가 한 마리에 비해 적으면 이웃들과 함께 해서 한 마리를 선택하게 하신다(3,4절). 그리고 그들이 선택할 양이나 염소는 "흠 없고 일 년 된 수컷"이어야 한다(5절). 이 조건에 따라 10일에 양이나 염소를 택하고, 그것을 14일 저녁까지 잘 두었다가, 14일 해 질 무렵에 그 양이나 염소를 잡는다(6절). 그리고 그 피를 해당 가정집 좌우 문설주와 인방에 바른다(7절). 양이나 염소 피를 집 문설주와 인방에 바르면, 냄새도 그렇거니와 매우 섬뜩했을 것이다. 그런 다음, 고기를 구워서 무교병, 쓴 나물과 함께 먹는다. 하나님은 이스라엘 사람들에게 양이나 염소 고기를 먹는 방법을 상세하게 일러 주신다. 마치 그들이 양이나 염소 고기를 처음 먹는 사람인 것처럼, 그렇게 자세하게 알려 주신다. 그날 밤, 즉 14일 밤에 고기를 구워먹는데, 날로나 삶아서 먹으면 안 된다. 머리, 다리, 내장까지 다 구워먹어야 한다. 그리고 중요한 것은 그것을 그날 밤에 다 먹어야 한다는 것이다. 다음 날 아침까지 남은 음식은 먹지 말고 불살라야 한다(10절). 여기서 우리는 3절과 4절에서 하나님이 한 마리당 사람 수를 정확하게 계산할 것을 요구하신 까닭을 알 수 있다. 가급적이면 고기를 남기지 말아야 하기 때문이다. 그런데 유월절 식사를 할 때 평상시처럼 하면 안 된다. 하나님은 이스라엘 사람들에게 유월절 식사하는 자세도 일러 주신다. 11절을 읽어 보자.

> 너희는 그것을 이렇게 먹을지니
> 허리에 띠를 띠고
> 발에 신을 신고
> 손에 지팡이를 잡고
> 급히 먹으라
> 이것이 여호와의 유월절이라(페사흐 후 라도나이)

이스라엘 사람들은 그달 14일 저녁에 유월절 식사를 하는데, 평상시와는 달리, 일할 완벽한 복장을 갖추고, 식사를 급하게 해야 한다. 허리에 띠를 띠고 신을 신는 것도 그렇지만, 지팡이를 (곁에 두는 것도 아니고) 손에 잡고 급하게 식사를 하는 것은 무엇인가 비상한 일이 일어날 것을 짐작게 한다. 이스라엘 사람들은 유월절 식사를 이렇듯 매우 긴장된 분위기 속에서 하도록 요청받는다.

그런데 11절에서 우리 눈을 끄는 또 한 가지는 마지막에 나오는 '여호와의 유월절'이다. 그냥 유월절이 아니고, 여호와의 유월절이다. 이것은 유월절의 핵심적인 의미를 어디에 두어야 하는지를 보여 준다. 왜 하나님이 '이스라엘의 유월절'이나 그냥 '유월절'이라고 하지 않고 '여호와의 유월절'이라고 말씀하시는지 하나님이 12절에서 설명하신다. 12절을 읽어 보자.

> 내가 그 밤에 애굽 땅에 두루 다니며 사람이나 짐승을 막론하고 애굽 땅에 있는 모든 처음 난 것을 다 치고 애굽의 모든 신을 내가 심판하리라 나는 여호와라

12절을 읽으면, 하나님이 왜 그날을 '여호와의 유월절'이라고 하시는지 알 수 있다. 그날 밤에 가장 바쁘실 분은 바로 하나님이시다. 그 밤, 즉 유월절은 하나님이 애굽을 심판하시는 날이기 때문이다. 12절에 '애굽'이 세 번이나 나온다. 그리고 12절 마지막 구절은 하나님이 애굽을 심판하시는 이유가 무엇인지도 보여 준다. "나는 여호와라." 애굽이 하나님을 알지 못하기 때문에 그들을 심판하시고, 그리고 그들로 하여금 하나님이 누구인지를 알게 하시려는 것이 하나님의 뜻이다.

그리고 하나님은 이스라엘 사람들로 하여금 집에 피를 바르게 한 이유를 13절에서 밝히신다. 13절을 읽어 보자.

> 내가 애굽 땅을 칠 때에 그 피가 너희가 사는 집에 있어서 너희를 위하여 표적이 될지라 내가 피를 볼 때에 너희를 넘어가리니 재앙

이 너희에게 내려 멸하지 아니하리라

하나님이 이스라엘 사람들에게 피를 바르게 하신 까닭은 이스라엘 사람들을 애굽 사람과 구분하기 위해서다. 그런 다음 하나님은 이스라엘 사람들에게 유월절을 대대로 지킬 것을 신신당부(申申當付)하신다. 14절을 읽어 보자.

너희는 이 날을 기념하여
여호와의 절기를 삼아
영원한 규례로
대대로 지킬지니라

하나님은 그리 길지 않은 구절에서 유월절 준수를 네 번이나 반복해서 강조하신다. 그날을 기념하는데, 유월절을 여호와의 절기로 삼고 그것을 결코 변치 않는 '영원한 규례'로 삼아서, 대대손손 지키라는 것이다. 하나님이 유월절을 얼마나 소중하게 여기는지 알 수 있다.

유월절에 대해서 말씀하신 다음, 하나님은 무교절에 대해 말씀하신다. 무교절은 '누룩 없는 빵을 먹는 날들'인데, 일주일 동안 지켜야 한다. 그 기간 동안에는 무교병을 먹어야 할 뿐 아니라 아예 집에 누룩을 두지 말아야 한다. 하나님은 이 기간 동안 유교병을 먹는 사람은 이스라엘에서 끊어질 것이라고 말씀하시는데, 이것은 대가 끊긴다는 의미일 것이다. 본인이 죽는 것도 심한 형벌이지만, 대가 끊기는 것은 그보다 더 가혹한 벌이기 때문이다. 하나님은 이렇게 무교병식사를 강조하시는데, 이것은 18, 19, 20절에도 나타난다. 그러니까

15~20절의 무교절 규정은 무교병을 먹어야 하고, 그렇지 않으면 대가 끊기는 벌을 받는다는 것에 집중한다. 무교절은 15일부터 21일까지인데, 무교병은 14일 저녁부터 먹어야 한다. 이 기간 동안 유교병을 먹는 사람은 그가 누구든지 간에 다 벌을 받을 것이라고 말씀하신다. 그런데 이렇게 무교절을 철저하게 지켜야 하는 이유는 무엇인가? 하나님은 그 까닭을 17절에서 밝히신다. 17절을 읽어 보자.

> 너희는 무교절을 지키라
> 이 날에 내가 군대를 애굽 땅에서 인도하여 내었음이니라
> 그러므로 너희가 영원한 규례로 삼아
> 대대로 이 날을 지킬지니라

이 구절은 드디어 마지막 재앙이 시작될 것을 예고한다. 모세는 하나님이 일러 주신 대로 이스라엘 장로들에게 지시한다. 그런데 더 자세하게 지시한다. 피를 바를 때에 우슬초 묶음으로 바르게 하고, 그날 저녁부터 다음 날 아침까지는 아무도 집 밖으로 나가지 말라고 경고한다(22절). 그리고 출애굽해서 하나님이 주시는 땅에 들어가면, 유월절 예식을 지켜야 하는데, 자녀들이 물으면, 유월절의 의미를 그들에게 일러 주라고 말한다(26,27절). 모세가 이스라엘 장로들에게 이렇게 유월절 규례를 알려 주자, 이스라엘 사람들이 머리 숙여 하나님께 경배한다(27절). 이와 비슷한 구절을 4장에서 읽은 적이 있다.

> 29 모세와 아론이 가서 이스라엘 자손의 모든 장로를 모으고
> 30 아론이 여호와께서 모세에게 이르신 모든 말씀을 전하고 그 백
> 성 앞에서 이적을 행하니
> 31 백성이 믿으며 여호와께서 이스라엘 자손을 찾으시고 그들의

고난을 살피셨다 함을 듣고 머리 숙여 경배하였더라

이렇게 하나님을 경배했던 이스라엘 사람들은 바로가 벌인 틈 벌리기 작전으로 인해 오히려 모세를 원망하고, 이로 인해 모세는 하나님을 원망하기까지 한다. 그러던 것이 이제 회복되는 것이다. 이스라엘 사람들은 모세를 다시 인정하고, 그가 하는 말을 하나님 말씀으로 듣는다. 그래서 그들은 모세가 일러 주는 대로 행한다. 이것은 이스라엘 사람들이 사람 수에 따라 유월절 양이나 염소를 정하고, 14일 저녁에 그것을 잡고, 피를 바르고, 출애굽할 복장을 갖추고, 고기를 구워서 급하게 먹은 것을 가리킨다. 이스라엘 사람들은 이렇게 하나님이 일러 주신 대로 만반의 준비를 다 한다. 그러면 이제 남은 것은 열째 재앙과 출애굽이다.

열째 재앙은 29절부터 시작한다. 14일 밤, 이스라엘 사람들이 양이나 염소를 잡아서 피를 집에 바르고, 비상 복장을 갖추고 고기를 구워서 급하게 먹은 그날 밤, 애굽 사람들도 이스라엘 사람들이 하는 모습을 보면서 뭔가 심상치 않다고 느끼면서 잠자리에 든 그 밤, 하나님과 함께한 '멸하는 자'(함마쉬히트)(23절)가 애굽 땅에 처음 난 모든 것을 다 쳤다. 그래서 바로의 장자부터 가축의 초태생까지 모든 처음 난 것들은 다 죽임을 당한다. 그래서 그날 밤 애굽에는 '큰 부르짖음'(체아카 거돌라)[23]이 있었다. 아벨 미스라임. 본문기자는 한 집도 재앙에서 벗어나지 못했다고 기록한다(30절). 그러나 이스라엘 사람들이 거하는 곳에서는 아무런 소리, 심지어는 개 짖는 소리도 나지

23) 지금까지 '부르짖음'은 이스라엘 사람들의 몫이었는데, 그것이 애굽 사람에게 넘어갔다.

않았다(11:7).

애굽이 온통 통곡으로 가득한 그 밤, 바로는 모세와 아론을 궁으로 부른다. 다시는 볼일이 없다고 큰소리치고, 다시 얼굴을 보면, 그때는 반드시 죽이겠다던 바로는 장자의 시신을 보면서, 자신이 얼마나 무력한 인간인지를 깨달았을 것이고, 그래서 모세와 아론을 불러서 이렇게 말한다. 31절과 32절을 읽어 보자.

> 밤에 바로가 모세와 아론을 불러서 이르되
> 너희와 이스라엘 자손은 일어나 내 백성 가운데에서 떠나
> 너희의 말대로 가서 여호와를 섬기며
> 너희가 말한 대로 너희 양과 너희 소도 몰아가고
> 나를 위하여 축복하라 하며

바로는 아무 조건 없이 이스라엘 사람들이 양과 소를 몰고 애굽을 떠나가라고 말한다. 그리고 자기를 위해 축복해 달라고 부탁한다. 이 구절은 11장 8절을 떠올리게 한다.

> 왕의 모든 신하가 내게 내려와 내게 절하며 이르기를
> 너와 너를 따르는 온 백성은 나가라 한 후에야 내가 나가리라

이 말이 그대로 이루어지는 순간이다. 모세가 바로를 찾아가서 이스라엘을 출애굽시켜 달라고 사정하는 것이 아니라, 그토록 완강하던 바로가 모세에게 출애굽을 부탁하는 것이다. 그런데 바로뿐만 아니라, 장자를 잃은 아픔으로 고통스러워하는 애굽 사람들도 이스라엘 사람들에게 제발 애굽을 떠나 달라고 부탁한다. 33절을 읽어 보자.

> 애굽 사람들은 말하기를 우리가 다 죽은 자가 되도다 하고 그 백성을 재촉하여 그 땅에서 속히 내보내려 하므로

바로도 그렇고 애굽 사람들도 그렇고, 그들은 이스라엘 사람들을 한시라도 빨리 애굽에서 내보내고 싶어 한다. 그들은 이스라엘 사람들을 내보내지 않았기 때문에 이런 비극이 발생했다고 믿는다. 그래서 이스라엘 사람들을 내보내지 않으면 앞으로 또 어떤 비극을 당할지 알 수 없기 때문에, 이스라엘 사람들을 속히 내보내려고 하는 것이다. 이렇게 바로와 애굽 사람들의 간절한 요청으로 이스라엘 사람들은 애굽을 떠나려 한다. 이미 이스라엘 사람들도 애굽 사람들이 그렇게 신속하게 이스라엘 사람들의 출애굽을 허용할 것이라고는 생각하지 못했을 것이다. 이스라엘 사람들은 먹을 것을 어깨에 메고, 모세가 일러 준 대로, 애굽 사람에게 은금패물(과 의복)을 구한다. 그랬더니 애굽 사람들이 이스라엘 사람들에게 구하는 대로 준다. 그래서 그들은 애굽 사람들에게서 얻은 것들로 짐을 꾸린다. 본문기자는 이 모든 일을 하나님이 다 하셨다고 기록한다. 36절을 읽어 보자.

> 여호와께서 애굽 사람들에게 이스라엘 백성에게 은혜를 입히게 하사 그들이 구하는 대로 주게 하시므로

본문기자는 하나님이 모든 것을 주관하시고, 출애굽이라는 놀라운 역사를 행하시는 것을 우리에게 들려주고자 한다. 지지부진한 것처럼 보이던 출애굽이 이제 시작하는 것이다. 모세가 말한 대로, 이미 만반의 준비를 갖춘 채 대기하던 이스라엘 사람들은 바로와 애굽 사람들이 어서 나가기를 종용하자, 등 떠밀리듯, 못 이기는 척, 그렇게 애굽

을 떠난다. 이 얼마나 기다리던 일이란 말인가. 아브라함 때부터 하나님이 하신 약속이 드디어 실현되는 역사적이고 영광스러운 순간이다.

본문기자는 출애굽 인원이 유아를 제외하고 보행하는 장정만 육십만 명이라고 밝힌다(37절). 그리고 거기에다 수많은 잡족과 양과 소, 심히 많은 가축이 그들과 함께 했다고 기록한다(38절). 실로 엄청난 사람들이 출애굽을 하는 것이다. 이 사람들이 애굽에서 나가면, 애굽에는 누가 남겠는가를 걱정할 정도로 그렇게 많은 사람들이 출애굽을 하는 것이다.

그들은 라암셋을 떠난다. 비돔과 라암셋은 그들이 강제노역당하던 곳이다. 그곳에서 얼마나 고통스런 세월을 보냈는가? 이제 그 생활이 모두 끝나고, 그들은 라암셋을 떠난다. 람세스를 기념하는 도시, 그 위대한 영웅의 도시를 떠난다. 그들이 라암셋을 떠나서 숙곳에 머물렀는데, 숙곳은 장막 치는 곳을 의미한다. 이스라엘 사람들이 라암셋에서 나와 처음으로 모두 모여 장막을 치고 함께 거하는 첫날 밤, 1월 15일 밤, 그 밤은 얼마나 감격스러웠을까. 그들은 가지고 온 반죽으로 무교병을 만들어 먹었다. 그러면서 그 이유가 애굽에서 갑자기 나왔기 때문에 양식을 미처 준비하지 못했기 때문이라고 한다(39절). 하나님은 치밀하게 일을 계획하시고 정교하게 일을 수행하시지만, 인간들이 보기에는 그저 모든 게 지지부진하고 되는 일도 없이 시간만 흐르고 이스라엘 사람들은 더 고통을 당하는 것으로 보였는지도 모른다. 그러나 그들이 예기치 않던 순간에 그 완강하던 바로도 무너지고 애굽 사람들도 이제 나서서 이스라엘 사람들에게 은금패물까지 주면서 출애굽을 부탁하는 것이다. 하나님은 그런 예기치 못함을 무교병을 통해서 분명하게 드러내고, 그들이 출애굽 사건에 기여한 것이 전혀 없다는 사실도 확인하게 하신다.

본문기사는 이스라엘 사람들이 애굽에서 거수한 기간을 430년으로 계산한다(40절). 애굽에서의 430년이 끝나는 그날, 이스라엘 사람들은 황급하게 애굽에서 나오기 시작한다. 그런데 본문은 이스라엘 사람들을 '여호와의 군대'(치브오트 아도나이)라고 부른다(41절). 이런 용어는 여기에서 처음 나온다.[24] 그래서 이스라엘 사람들은 이제부터 여호와의 군대이다. 그들은 하나님을 위해서 싸울 사람들이다. 그런 그들이 제일 먼저 할 일은 유월절을 잊지 말고 기억하는 것이다. 유월절 준수를 재차 강조하는 42절은 우리로 하여금 다시 14, 17, 24로 돌아가게 한다. 42절을 읽어 보자.

> 이 밤은 그들을 애굽 땅에서 인도하여 내심으로 말미암아 여호와 앞에 지킬 것이니 이는 여호와의 밤이라 이스라엘 자손이 다 대대로 지킬 것이니라

이 구절은 유월절 준수를 거듭거듭 강조한다. 그리고 그날 밤을 '여호와의 밤'이라고 부른다. 이것은 유월절이 여호와의 절기인 것과 같다. 그날은 이스라엘 사람들의 밤이 아니고, 여호와의 밤이다. 하나님이 모든 일을 주관하시고 섭리하시는 날이다. 하나님이 이스라엘 사람들을 자유롭게 하고, 이스라엘을 한 국가로 세우시는 날이다. 그래서 이스라엘 사람들은 이날을 반드시 대대로 지켜야 한다.

---

24) 이스라엘을 군대로 칭하는 것은 17절에 나온다. 이 구절에서는 '너희 군대'(치브오테켐)라고 한다.

하나님은 이렇게 유월절 준수를 강조하시는데, 그 유월절을 어떻게 지내는 것이 유월절을 준수하는 것인지를 43~51절에서 알려 주신다. 먼저 유월절 식사에 누가 참여할 수 있는지 없는지에 관해 말씀하신다. 식사에 참여할 수 있는 조건은 '할례'이다. 할례받은 사람만 그 식사에 참여할 수 있다. 그렇지 않은 사람들, 즉 거류민이나 타국인은 식사를 함께할 수 없다. 그래서 유월절 식사를 함께하는 사람들은 한 공동체이다. 물론 외국인들도 식사에 참여할 수 있는데, 그들이 여호와의 유월절에 참여하려면 먼저 할례를 받아야 하고, 그렇게 하면, 이스라엘 사람과 동등한 자격을 받는다. 그래서 유월절 식사는 이스라엘 사람이 되는 조건으로 할례를 강조한다.

여기서 보는 대로, 12장은 열째 재앙에 초점을 맞추지는 않는다. 12장은 유월절을 강조한다. 유월절 규례를 거듭 언급한다. 본문기자는 12장을 마무리하면서, 이스라엘 사람들이 유월절 규례를 하나님이 명령하신 그대로 지켰다고 평가한다. 이것은 28절에서도 우리가 읽은 적이 있다. 이스라엘 사람들은 여호와께서 모세와 아론에게 명령하신 그대로 행한다. 하나님 뜻을 이 세상에서 실현하는 것이다. 이것이 바로 뜻이 하늘에서 이루어진 것같이 땅에서도 이루어지는 것이다. 그렇게 함으로써, 하나님과 이스라엘 사람들은 함께 놀라운 출애굽 역사를 이뤄 낸다. 51절을 함께 읽어 보자.

> 바로 그 날에 여호와께서 이스라엘 자손을 그 무리대로 애굽 땅에서 인도하여 내셨더라

하나님은 애굽을 심판하시고 이스라엘을 출애굽시키셨다. 그래서 그날은 여호와의 날이고, 여호와의 절기이다. 유월절은 우리 하나님이 자신을 애굽에 명확히 알리신 날이다. 하나님은 "내가 누구인지 알리라."고 하신 말씀을 이렇게 실현하신다.

그런데 51절은 이스라엘 사람들을 출애굽시키는데, '그 무리대로' 출애굽했다고 말한다. 이것은 복선(伏線)이다. 이것은 앞으로 본문들을 읽으면서 밝혀질 것이다.

제13장 유월절 규례

우리가 본 대로, 하나님은 열째 재앙 자체보다 유월절 규례에 더 많은 관심을 보이신다. 12장은 모두 51절인데, 이 가운데 열째 재앙은 29~36절로 모두 여덟 절이고, 이스라엘 사람들이 애굽에서 나오는 것은 37~42절로 모두 여섯 절이다. 그리고 나머지 서른일곱 절은 유월절(과 무교절)에 대한 규례를 언급한다. 12장은 유월절에 대한 규례로 시작해서 유월절 규례로 끝난다. 이것은 13장으로 이어진다.

하나님은 모세에게 유월절 규례를 계속 일러 주신다. 물론 이 규례의 중심은 무교병에 관한 것이다. 그런데 하나님은 무교병에 대한 말씀을 하시기 전에 색다른 말씀을 하신다. 2절을 읽어 보자.

> 이스라엘 자손 중에서 사람이나 짐승을 막론하고 태에서 처음 난 모든 것은 다 거룩히 구별하여 내게 돌리라 이는 내 것이니라 하시니라

하나님은 이스라엘 사람들로 하여금 사람이나 짐승의 초태생을 하나님께 드리라고 하신다. 하나님은 초태생을 '내 것'이라고 말씀하신다. 이것은 열째 재앙과 관련된 것으로 보인다. 하나님은 애굽 땅에

친히 들어가셔서 애굽 사람과 짐승의 초태생을 모두 죽이셨다. 그러면서 이스라엘 자손과 짐승의 초태생들은 살려 주셨다. 이스라엘의 초태생들을 하나님께서 살려 주셨기 때문에 그들은 모두 하나님께 속한다는 의미인 것으로 보인다. 이 구절은 4장 22~23절을 떠올리게 한다.

> 22 너는 바로에게 이르기를 여호와의 말씀에 이스라엘은 내 아들 내 장자라
> 23 내가 네게 이르기를 내 아들을 보내 주어 나를 섬기게 하라 하여도 네가 보내 주기를 거절하니 내가 네 아들 네 장자를 죽이리라 하셨다 하라 하시니라

하나님은 애굽의 장자들을 죽이시고 이스라엘의 장자들을 살리셨다. 하나님은 이스라엘을 '내 아들 내 장자'라고 부르시는데, 이것은 23절에 나오는 '네 아들 네 장자'와 대비된다. 이스라엘 자손과 짐승의 초태생들이 하나님 소유라는 것은 이스라엘 모든 것이 다 하나님 소유임을 상징한다. 하나님이 이스라엘 모든 생명을 소유하신다는 것이다. 이것은 이스라엘이 하나님의 백성임을 가리킨다. 초태생을 하나님께 거룩하게 드리는 것은 이스라엘 사람들로 하여금 유월절을 기억하고 그들 생명이 하나님께 속했음을 명심하는 것이다. 이것은 나중에 레위인들을 하나님께 속하는 것으로 나타난다.

3절부터 하나님은 무교병에 대해 말씀하신다. 하나님은 이스라엘 사람들에게 유월절을 기억하라고 명령하시고, 그날을 기념할 때 유교병을 먹지 말라고 하신다. 하나님은 출애굽한 날을 '애굽 곧 종 되었

던 집에서 나온 날'이라고 하신다. 이스라엘은 이날을 잊지 말고 기념해야 한다. 하나님은 권능으로 이스라엘을 애굽에서 인도해 내셨다고 말씀하신다. 출애굽은 하나님 권능을 드러내신 날이다. 그런데 중요한 것은 그렇게 하심으로써 하나님이 애굽 사람들에게 하나님을 알리셨다는 것이다.

이스라엘이 출애굽한 달은 아빕월[25]이다. 그렇기 때문에 출애굽한 이스라엘은 매년 아빕월 출애굽한 날에 유월절 예식을 지켜야 한다. 그런데 유월절 예식에서 중요한 것은 무교병을 먹는 것이다. 하나님은 유월절(과 무교절) 기간에 무교병을 먹을 것을 계속 강조하신다. 일주일 동안 무교병을 먹어야 하는데, 그 일주일 동안에는 유교병을 만들지도 말아야 하고, 아예 누룩을 치워 버려야 한다. 유교병과 누룩은 눈에 띄지 않게 하라고 강조해서 말씀하신다.

그런데 하나님은 이스라엘 사람들을 애굽에서 이끌어 내시고 그들을 어느 곳으로 이끌어 들이려고 하시는데, 그것을 이렇게 말씀하신다. 5절을 읽어 보자.

> 여호와께서 너를 인도하여 가나안 사람과 헷 사람과 아모리 사람과 히위 사람과 여부스 사람의 땅 곧 네게 주시려고 네 조상들에게 맹세하신 바 젖과 꿀이 흐르는 땅에 이르게 하시거든 너는 이 달에 이 예식을 지켜

25) '아빕'은 아직 여물지 않은 곡식 이삭을 의미한다. 이스라엘은 포로기 때에 바빌로니아 달력 체계를 받아들여서 니산(Nisan)월로 칭하는데(에 3:7, 느 2:1), 요즘 달력으로는 3월과 4월경이다.

하나님은 이스라엘이 들어갈 땅을 세 가지로 칭하시는데, 먼저 '가나안 사람과 헷 사람과 아모리 사람과 히위 사람과 여부스 사람의 땅'이라고 하신다. 이것은 그곳이 빈 땅이 아니고, 여러 사람들이 사는 곳임을 알려 준다. 그리고 그 땅은 "네게 주시려고 네 조상들에게 맹세하신" 곳이다. 하나님은 조상들, 즉 아브라함과 이삭과 야곱을 비롯해서 많은 사람들에게 일정한 땅을 주시겠다고 약속하셨다는 것이다. 그런데 그냥 약속한 것이 아니고 주신다고 맹세하셨다고 말씀하신다. 이 구절은 하나님이 이스라엘 사람들에게 그 땅을 주시려는 의지가 얼마나 강한지를 보여 준다. 하나님은 그 땅을 '젖과 꿀이 흐르는 땅'이라고 하신다. 그곳은 정말 풍요로운 곳이다. 모두가 부유하고 여유롭게 살 수 있는 곳이다. 그곳을 하나님이 이스라엘 사람들에게 주시겠다는 것이다. 하나님은 땅 없이 떠돌아다니던 이스라엘의 조상들에게 그들의 후손들이 정착할 땅을 주시겠다고 약속하셨다. 그리고 애굽 땅에서 살지만, 제 땅 없이 강제노역하며 사는 이스라엘 사람들을 이끌어 내셔서 그들에게 땅을 주시려 하신다. 그래서 이스라엘 사람들이 제 땅에서 살게 하려고 하신다. 하나님은 이스라엘이 그 땅에 들어가서 평화롭게 살 때, 유월절을 잊지 말라고 당부하시는 것이다. 유월절 규례를 반드시 지켜야 하고, 그들은 무엇보다 무교병을 먹어야 한다는 것이다.

그런데 하나님은 유월절을 경험한 이스라엘 사람들만 유월절 예식을 지키라고 하지 않으신다. 유월절 예식을 자자손손 계속 지킬 것을 요구하신다. 8절을 읽어 보자.

너는 그 날에 네 아들에게 보여 이르기를 이 예식은 내가 애굽에서 나올 때에 여호와께서 나를 위하여 행하신 일로 말미암음이라 하고

하나님은 이스라엘 사람들이 유월절 규례와 의미를 자녀들에게 교육할 것을 명령하신다. 자신들만 유월절 예식을 지키는 것이 아니라, 자녀들에게도 그 예식을 보여 주고 교육하라는 것이다. 이스라엘 부모들은 자녀들에게 유월절과 출애굽에 대해서 자세하게 일러 주어서 자녀들을 교육하도록 명령받는다. 이스라엘 부모가 자녀들에게 해야 할 가장 중요한 교육이 바로 유월절과 출애굽에 대한 것이다. 그런데 하나님은 그렇게 명령하시는 것으로 만족하지 않으신다. 9절을 읽어 보자.

이것으로 네 손의 기호와 네 미간의 표를 삼고 여호와의 율법이 네 입에 있게 하라

이스라엘 사람들은 자녀들을 유월절 예식에 참여시키는 것으로 그치지 말고, 자신들이 유월절과 출애굽을 잊지 않기 위해서 손과 이마에 표지를 달고 다니게 하신다. 그리고 항상 하나님이 정해 주신 규례를 암기하게 하신다. 하나님은 유월절 규례를 이스라엘 사람들이 철저히 교육해서 결코 그 규례를 망각하지 않게 하신다. 10절을 읽어 보자.

해마다 절기가 되면 이 규례를 지킬지니라

이스라엘 사람들은 매년 유월절과 출애굽을 기념해야 한다. 하나

님은 이렇게 유월절 규례를 강조하시고, 그것을 반드시 지키도록 이스라엘 사람들에게 강력하게 명령하신다. 이스라엘 사람들이 유월절 규례를 준행하면서 기억하는 것은 하나님이 그들을 강하신 손으로 애굽에서 인도해 내셨다(9절 뒷부분)는 것이다. 그들은 유월절을 기념하면서 하나님의 능력을 경험한다. 하나님이 얼마나 능력 있는 분인지를 그들은 새삼 경험한다.

이렇게 유월절 규례를 강조하신 하나님은 11~16절에서 2절에서 말씀하신 것을 상세하게 말씀하신다. 11절을 읽어 보자.

> 여호와께서 너와 네 조상에게 맹세하신 대로 너를 가나안 사람의 땅에 인도하시고 그 땅을 네게 주시거든

이 구절은 5절과 비슷하다. 하나님은 이스라엘 사람들에게 거주할 땅을 주실 것을 오래전부터 약속하셨고, 그 약속을 반드시 이루실 것이다. 여기서도 '맹세'라는 단어를 사용한다. 하나님이 '땅 약속'을 얼마나 소중하게 생각하시는지 알 수 있다. 그리고 모든 규정의 시점(始點)은 그 땅에 거주하기 시작하는 때이다. 11절도 그렇고 5절도 "…는 땅에 이르게 하시거든 너는 이 달에 예식을 지"키라고 한다. 온전한 출애굽은 이스라엘 사람들이 애굽에서 나온 것 자체로 끝나지 않는다. 하나님이 주시기로 맹세한 땅에 그들이 들어가는 것까지 포함한다. 이스라엘이 유월절 규례를 정식으로 지키기 시작하는 때가 바로 그 땅에 들어간 시점(時點)이기 때문이다. 이것은 하나님이 무엇을 소중하게 여기셨는지 알 수 있다. 하나님이 이스라엘 사람들을 애굽에

서 이끌어 내신 것은 그렇게 약속하신 그 땅에 이스라엘 사람들을 이끌어 들이고, 이스라엘 사람들이 그곳에서 하나님이 명령하신 규례를 지키면서 사는 모습을 보기 원하시기 때문이다.

그런데 그들이 그곳에서 지켜야 할 규례는 무교병을 먹는 것과 초태생을 하나님께 드리는 것이다. 하나님은 그렇게 함으로써 이스라엘 사람들이 유월절과 출애굽을 계속 생생하게 기억하고 기념할 수 있게 하신다. 규례 자체가 중요한 것이 아니다. 이스라엘 사람들이 유월절과 출애굽을 기억하고 기념하는 것이 중요하다. 이것은 그날을 기억하는 것으로 끝나지 않고, 그 일을 하신 하나님, 그 일을 하신 하나님이 진정 능력 있는 참신이심을 인정하고 믿는 것이어야 한다.

3절에서 10절까지 무교병 식사 규례를 자세히 말씀하신 하나님은 이제 초태생을 하나님께 구별해 드리는 규례에 대해 말씀하신다. 그런데 사람과 가축의 초태생을 하나님께 구별해서 드리는 것은 도대체 무엇인가? 13절을 읽어 보자.

> 나귀의 첫새끼는 다 어린 양으로 대속할 것이요 그렇게 하지 아니하려면 그 목을 꺾을 것이며 네 아들 중 처음 난 모든 자는 대속할지니라

'그 목을 꺾'으라는 것은 죽이라는 것이다. 그러니까 하나님께 구별해서 드리는 것은 죽이는 것이다. 그런데 사람과 초태생을 모두 죽이는 것은 문제이기 때문에 하나님은 '대속'(代贖)하게 하신다. 하나님은 나귀를 양으로 대속하게 하시는데, 그렇다면 사람도 양으로 대속

할 수 있을 것이다. 각 집안은 각 대의 장남과 가축들의 초태생을 양으로 대속해야 하는 것이다. 장남과 초태생 대신 양을 대신 죽여서 하나님께 제물로 바침으로써, 그들은 유월절과 출애굽을 기억하고 기념해야 한다. 그리고 무교병 규례에서와 마찬가지로 초태생 대속 규례에 대해서도 자녀들에게 철지하게 교육해야 한다고 명령하신다. 14~16절을 읽어 보자.

> 14 후일에 네 아들이 네게 묻기를 이것이 어찌 됨이냐 하거든 너는 그에게 이르기를 여호와께서 그 손의 권능으로 우리를 애굽에서 곧 종이 되었던 집에서 인도하여 내실새 15 그 때에 바로가 완악하여 우리를 보내지 아니하매 여호와께서 애굽 나라 가운데 처음 난 모든 것은 사람의 장자로부터 가축의 처음 난 것까지 다 죽이셨으므로 태에서 처음 난 모든 수컷들은 내가 여호와께 제사를 드려서 내 아들 중에 모든 처음 난 자를 다 대속하리니 16 이것이 네 손의 기호와 네 미간의 표가 되리라 이는 여호와께서 그 손의 권능으로 우리를 애굽에서 인도하여 내셨음이니라 할지니라

이렇게 부모는 초태생 대속 규례를 자녀들에게 교육해야 한다. 하나님이 이스라엘 사람들을 애굽에서 이끌어 내서 이 땅으로 인도해 들이신 역사를 가르쳐야 하는데, 여기서는 특히 열째 재앙, 즉 하나님이 애굽의 모든 초태생들을 죽인 것에 대해 제대로 가르치고, 그 일로부터 초태생 대속 규례가 생겼으며, 이 규례를 잊지 않기 위해서 손과 이마에 표시를 하라고까지 지시하신다. 그리고 그렇게 하는 까닭을 "여호와께서 그 손의 권능으로 우리를 애굽에서 인도하여 내셨음이니라"고 말하라고 지시하신다. 하나님은 이스라엘 사람들이 출애굽을 결코 잊지 않기를 원하신다. 매년 유월절에 무교병을 먹고 초태생 대속 행위를 함으로써, 출애굽을 기억하고 기념하면서, 하나님

이 얼마나 능력 있는 분이신지를 기억하게 하셨다.

이렇게 유월절(과 무교절) 규례를 길게 기록한 다음에, 본문기자는 17절부터 출애굽 사건을 이야기하기 시작한다. 이스라엘 사람들이 애굽에서 나온 다음, 어느 길을 통해서 가나안 땅으로 들어갈 것인지 생각했을 텐데, 먼 길보다는 가까운 길을 택하려고 했을 것이다. 그런데 우리 예상과 달리, 하나님은 가까운 길보다 먼 길을 택하게 하신다. 가까운 길은 블레셋 땅을 통과해 가는 것인데, 하나님이 그 길을 택하지 않은 까닭은 그곳에 거주하는 사람들과 전투를 벌이면, 이스라엘 사람들이 그것을 감당하지 못해서 다시 애굽으로 돌아갈지도 모른다고 염려하셨기 때문이다. 이것도 복선(伏線)이다. 앞으로 우리는 이스라엘 사람들이 어려움을 당하면, 그때마다 애굽으로 돌아가겠다고 떼를 부리는 것을 자주 볼 것이다. 그런데 이러한 모습은 우리가 아무리 그들을 이해하려고 해도, 하나님이 출애굽 약속을 얼마나 오랫동안 하셨는지, 하나님이 이스라엘 사람들을 출애굽시키기 위해 얼마나 애쓰셨는지, 얼마나 정교하고 세밀하게 출애굽을 계획하고 결국 출애굽을 이뤄 내었는지, 하나님이 이스라엘 사람들에게 유월절 규례를 통해서 출애굽을 기억하고 기념할 것을 얼마나 강조하시는지 생각해 보면, 애굽으로 돌아가겠다는 것을 그저 불평 정도로만 볼 수는 없는 것이다. 이것은 하나님의 뜻을 거스르는 반역행위이다. 그런데도 이스라엘 사람들은 조금만 어려움을 당하면 애굽으로 돌아가겠다는 말을 버릇처럼 한다.

하나님도 이것을 이미 아셨기 때문에, 그들을 블레셋 쪽이 아닌

'숲' 바다[26] 쪽으로 난 광야 길로 가게 하셨다. 이스라엘 사람들이 애굽에서 나와서 가나안땅으로 갈 때, 그들은 일정한 대열을 지었는데, 여기에 대한 것은 본문기자가 앞으로 이야기할 것이다. 그런데 이 부분에서 본문기자는 매우 중요한 말을 한다. 이스라엘 사람들이 애굽에서 나올 때, 요셉의 유골을 가시고 나왔다는 것이다. 19절을 읽어 보자.

> 모세가 요셉의 유골을 가졌으니 이는 요셉이 이스라엘 자손으로 단단히 맹세하게 하여 이르기를 하나님이 반드시 너희를 찾아오시리니 너희는 내 유골을 여기서 가지고 나가라 하였음이더라

이스라엘 사람들이 출애굽하면서 요셉의 유골을 들고 나왔는데, 그렇게 한 까닭이 바로 요셉의 유언 때문이라는 것은 우리로 하여금 창세기 50장 24절로 돌아가게 한다.

> 24 요셉이 그의 형제들에게 이르되 나는 죽을 것이나 하나님이 당신들을 돌보시고 당신들을 이 땅에서 인도하여 내사 아브라함과 이삭과 야곱에게 맹세하신 땅에 이르게 하시리라 하고 25 요셉이 또 이스라엘 자손에게 맹세시켜 이르기를 하나님이 반드시 당신들을 돌보시리니 당신들은 여기서 내 해골을 메고 올라가겠다 하라 하였더라

요셉은 하나님이 반드시 이스라엘 사람들을 출애굽시킬 것을 믿었고, 그날을 학수고대했던 것으로 보인다. 그런데 생전에 그날을 맞을 수 없었기 때문에 사후에라도 그날이 오면 유골이라도 출애굽에 동

26) 우리는 이 바다를 '홍해'(紅海)라고 하는데, 히브리어 원문은 '얌-숲'이다. 이것을 직역하면 '갈대 바다'인데, '얌-숲'이 고유명사일 수도 있기 때문에, 그냥 '숲 바다'라고 하는 게 낫겠다.

참하려 한 것이다. 그리고 자신이 애굽 국민으로서, 애굽의 총리대신으로서 조국 애굽을 위해 일생 동안 최선을 다했음에도 불구하고, 출애굽 이후에 하나님이 만드실 새로운 나라, 이스라엘의 백성이 되기를 간절히 원했던 것이다. 이러한 믿음과 바람이 요셉을 신앙의 아버지 대열에 서게 한 것이다.

이스라엘 사람들은 라암셋에서 숙곳까지 가고, 숙곳을 떠나서 에담에 이르러 장막을 쳤다(20절). 그런데 하나님은 이스라엘 사람들 앞에 가시면서 낮에는 구름기둥으로 길을 인도하시고, 밤에는 불기둥으로 그들에게 비춰서 주야로 진행하게 하셨다. 여기서 우리는 하나님이 이스라엘로 하여금 하루라도 빨리 애굽에서 멀어지게 하려고 애쓰셨음을 알 수 있다. 22절은 낮에는 구름기둥이, 밤에는 불기둥이 이스라엘 사람들 앞에서 떠나지 않았다고 하는데, 이렇듯 구름기둥과 불기둥은 하나님이 이스라엘을 인도하시는 징표이지만, 다른 면에서 보면, 이스라엘 사람들이 주야로 이동해야 하는 매우 어려운 여정을 암시한다는 사실도 잊지 말아야겠다.

제14장 마른 땅을 걸어 바다를 건넌다

하나님은 계속 모세에게 말씀하신다. 하나님은 모세에게 장막 칠 장소를 일러 주신다. 그런데 2절과 3절을 읽어 보면, 그곳은 이스라엘 사람들이 가나안을 향해서 나아가는 정상 루트에서 벗어난 곳으로 보인다. 바닷가 쪽으로 가면 안 되는데, 하나님은 모세에게 이스라엘 사람들을 정상 루트에서 벗어나 바다 쪽으로 빠져나와서 바다를 앞에 두고 진을 치게 하신다. 이것은 누가 보아도 옳은 판단이 아니다. 한시라도 빨리 애굽을 벗어나 가나안 땅으로 들어가야 하는데, 이렇게 옆으로 빠져서 진을 치면, 자칫 퇴로를 봉쇄당하고 진퇴양난의 상황에 빠질 수 있기 때문이다. 그런데 3절을 보면, 하나님은 이것을 미리 계산하고, 일부러 그곳으로 들어가서 진을 치게 하신다. 3절과 4절을 읽어 보자.

> 바로가 이스라엘 자손에 대하여 말하기를 그들이 그 땅에서 멀리 떠나 광야에 갇힌 바 되었다 하리라 내가 바로의 마음을 완악하게 한즉 바로가 그들의 뒤를 따르리니 내가 그와 그의 온 군대로 말미암아 영광을 얻어 애굽 사람들이 나를 여호와인 줄 알게 하리라 하시매 무리가 그대로 행하니라

이 구절들에 의하면, 하나님은 바로를 유인하는 전술을 사용하신다. 애굽을 빠져나온 이스라엘 사람들이 길을 잘못 들어서 진퇴양난의 상황에 처했다는 소식을 바로가 듣게 해서 바로가 군대를 이끌고 이스라엘 사람들을 추격하게 하시겠다는 것이다. 그런데 하나님이 이렇게 하시는 이유는 애굽 사람들로 하여금 하나님을 알게 하시겠다는 것이다. “너희가 나를 여호와인 줄 알리라.”

그런데 하나님이 일부러 일을 꾸며서 바로를 충동질했다고 생각할 필요는 없을 것이다. 여기서 짐작할 수 있는 것은 바로를 비롯한 애굽 사람들이 열째 재앙으로 인해 받은 충격에서 어느 정도 벗어났거나, 아니면 슬픔이 강력한 분노로 변해서 이스라엘 사람들 때문에 자신들이 그런 어려움을 당했다고 생각하고, 모든 책임을 이스라엘에게 지우려는 마음에서 이스라엘 사람들을 추격하려고 했을지도 모른다는 것이다. 그리고 이스라엘 사람들이 애굽에서 여러 가지 고생스러운 일들, 요즘으로 말하면, 삼디(3D) 직종에서 일했을 텐데, 이스라엘 사람들이 모두 빠져나가면서, 그 일들이 일시에 중지되었을 것이다. 그리고 이로 인해 애굽 사람들이 상당한 불편을 감수해야 했을 것이다. 그러니 애굽 사람들은 열째 재앙으로 인한 고통보다 일상생활에서 겪는 어려움이 더 크게 된 것이다. 그래서 그들은 이스라엘 사람들이 아쉬웠을 것이고, 그만큼 그들에게 집착했을 것이다. 본문은 그런 점을 강조하고 싶었을 것이다. 5절을 함께 읽어 보자.

> 그 백성이 도망한 사실이 애굽 왕에게 알려지매 바로와 그의 신하들이 그 백성에 대하여 마음이 변하여 이르되 우리가 어찌 이같이

하여 이스라엘을 우리를 섬김에서 놓아 보내었는가 하고

5절은 우리 예측이 상당 부분 맞다는 것을 입증한다. 본문기자는 바로와 신하들 마음이 변했다고 한다. 그들은 자신들이 어떤 어려움을 겪더라도 이스라엘 사람들을 내보내지 말았어야 한다고 후회한다. 이스라엘 사람들이 애굽 사람들을 섬기는 일을 하지 않으면, 애굽 사람들은 여러 부분에서 많은 수고를 할 수밖에 없기 때문이다. 이스라엘 사람들을 내보내기로 한 것은 국가를 어렵게 하는 매우 잘못된 판단이라고 생각한 것이다. 그래서 바로와 신하들은 다시 모여서, 자신들이 열째 재앙으로 인해 내린 어리석은 결정을 파기하고, 이제라도 국가를 위해 올바른 판단을 내리고, 이스라엘 사람들을 다시 애굽으로 이끌고 들어오기로 결의하고, 그것을 바로 시행한다.

인간이란 얼마나 어리석은 존재인가. 그토록 많은 어려움을 겪었고, 그래서 이제는 하나님이 어떤 분인지 알 때가 되었는데도 불구하고, 여전히 깨우치지 못하는 바로와 애굽 사람들, 그들은 어느 때에나 현명한 판단을 할 것인가? 그들은 아이러니한 등장인물들이다. 자신들이 이미 내린 판단이 옳은데도 불구하고 그것을 그릇되고 어리석은 판단이라고 생각하고, 정말 어리석은 판단을 내리고는 그것을 지혜롭고 올바른 판단이라고 여기는 그들 모습이 바로 아이러니이다. 얼마나 답답한 사람들인가. 하나님은 그들이 그러리라는 것을 이미 알고 계셨다.

바로와 애굽 사람들은 이스라엘 사람들을 다시 데려오기 위해 신속하게 행동한다. 한시라도 빨리 가서 그들을 데려와야 애굽 사람들이 고생을 하지 않을 것이고, 애굽 경제가 제대로 돌아갈 것이다. 6~8절을 함께 읽어 보자.

> 바로가 곧 그의 병거를 갖추고 그의 백성을 데리고 갈새
> 선발된 병거 육백 대와 애굽의 모든 병거를 동원하니 지휘관들이
> 다 거느렸더라
> 여호와께서 애굽 왕 바로의 마음을 완악하게 하셨으므로 그가 이
> 스라엘 자손의 뒤를 따르니 이스라엘 자손이 담대히 나갔음이라

우리는 이 구절들을 통해, 바로가 얼마나 신속하게 대책을 세우고 그것을 시행하는지 알 수 있다. 바로는 애굽의 최정예 병거부대를 소집하고 친히 앞장을 선다. 이것은 바로가 이스라엘 사람들을 다시 데려오는 일이 애굽에 정말로 중대한 일이라고 생각했음을 보여 준다. 본문기자는 하나님이 애굽 왕 바로의 마음을 완악하게 하셨다고 함으로써, 바로가 스스로 지혜로운 판단을 내렸다고 생각하고 행동하는 것이 실제로는 얼마나 어리석기 짝이 없는 일인지를 우리에게 알려 준다. 그런데 9절을 읽어 보면, 바로가 병거부대만 소집한 것이 아니었다. "애굽 사람들과 바로의 말들, 병거들과 그 마병과 그 군대"라는 구절에서 우리는 바로가 병거부대 외에 다른 부대들도 동원했음을 알 수 있다. 어쨌든 상당히 막강한 군사력을 동원하고 바로는 이스라엘 사람들을 추격하기 시작한다. 바로와 그 신하들은 애굽의 정예병거부대가 정상 루트에서 벗어나 바닷가에 진을 친 이스라엘 사람들을 추격하기는 정말 쉬운 일이라고 생각했을 것이고, 그들이 동원한 상당한 군사력으로 별 어려움 없이 그들을 데려올 수 있으리라고 예

상했을 것이다. 그리고 그들은 자신들이 예상한 대로 이스라엘 사람들이 진 친 곳까지 신속하게 추격했다.

이스라엘 사람들을 추격하여 온 바로의 군대는 그야말로 위풍당당했을 것이다. 별 힘 들이지 않고 이길 싸움이었기 때문이다. 그들은 신나게 말을 몰아서 이스라엘 사람들이 진 친 곳으로 들이닥쳤을 것이다. 바다가 바라보이는 아늑한 곳에서 진을 치고 머물던 이스라엘 사람들은 바로 군대가 그들을 추격해 오는 것을 보고 두려워서 어쩔 줄을 몰라 한다. 본문기자는 그들이 "심히 두려워하여 여호와께 부르짖"었다고 한다(10절). 그런데 바로가 군대를 이끌고 그들을 추격해 오리라는 것을 이스라엘 사람들이 몰랐던 것이 아니다. 하나님은 모세를 통해서 이미 그들에게 앞으로 어떤 일이 벌어질 것이며, 하나님이 어떤 전략을 사용하실 것인지 알려 주셨기 때문이다(2~4절). 그래서 "무리가 그대로 행하니라"(4절). 그랬는데도 불구하고 이스라엘 사람들은 막상 바로 군대가 말발굽 소리 요란하게 들이닥치자 겁에 질려서 어쩔 줄을 몰라 한다. 본문기자는 공포에 질린 그들 모습을 이렇게 기술한다. 11절과 12절을 읽어 보자.

> 그들이 또 모세에게 이르되 애굽에 매장지가 없어서 당신이 우리를 이끌어 내어 이 광야에서 죽게 하느냐 어찌하여 당신이 우리를 애굽에서 이끌어 내어 우리에게 이같이 하느냐 우리가 애굽에서 당신에게 이른 말이 이것이 아니냐 이르기를 우리를 내버려두라 우리가 애굽 사람을 섬길 것이라 하지 아니하더냐 애굽 사람을 섬기는 것이 광야에서 죽는 것보다 낫겠노라

우리는 이 구절들을 읽으면서 이스라엘 사람들이 이제는 자기들이

다 죽게 되었다고 생각했음을 알 수 있다. 그래서 그들은 모세에게 대든다. 그런데 우리는 이 구절들을 읽으면서, 추격해 오는 바로를 보고 겁에 질려서 하는 말에 그치지 않는다는 느낌을 받는다. 그들이 비록 죽음의 공포에 휩싸인 것은 분명하지만, 그것만이 아니라는 것이다. 그렇게 생각하기에는 그들이 하는 말이 너무도 조리가 있고, 더욱 문제가 되는 것은, 그들이 (밑줄 친 부분에서) 말하는 대로, 이미 애굽에 있을 때부터 그들은 이런 결과가 올 줄 알고 출애굽 자체를 거부했고,[27] 지금 상황에서는 그들의 예측이 들어맞았기 때문에, 차라리 출애굽하지 않는 편이 더 나았다고 하는 것이다. 즉 모세가 엄청난 잘못을 범했다는 것이다.

이런 발언은 단순히 모세를 원망하는 것이 아니고, 출애굽을 오랫동안 약속하고 섬세하게 계획하고 정교하게 진행해 온 하나님을 원망하고 하나님을 어리석다고 평가한다는 점에서, 출애굽 자체를 부정한다는 점에서 심각하다. 애굽 사람들이 하나님이 어떤 분인지를 아직 모른다는 것도 문제인데, 실제로는 이스라엘 사람들마저 하나님이 하신 일들을 다 보았음에도 불구하고, 하나님이 하시는 일을 받아들이지 않으려고 하니, 그들도 하나님이 어떤 분인지 제대로 알지 못하는 것이다. 그들이 하나님을 알려면, 그들은 어떤 일을 겪어야 하는 것일까?

그런데 지금 상황은 그럴 겨를이 없다. 들이닥치는 애굽 군대를 어

27) 출애굽을 거부하는 것은 애굽 사람을 섬기고 하나님을 섬기지 않겠다는 것이다. 그리고 하나님을 섬기려다가 광야에서 죽느니 차라리 애굽 사람을 섬기며 애굽에서 사는 것을 택하겠다는 것이다.

떻게든 막는 게 급선무이기 때문이다. 그래서 일단 모세는 그들을 달래는데, 이때 모세가 한 말은 정말 훌륭하다. 13절과 14절을 읽어 보자.

> 모세가 백성에게 이르되 너희는 두려워하지 말고 가만히 서서 여호와께서 오늘 너희를 위하여 행하시는 구원을 보라 너희가 오늘 본 애굽 사람을 영원히 다시 보지 아니하리라 여호와께서 너희를 위하여 싸우시리니 너희는 가만히 있을지어다

모세는 이런 급박한 상황에서 어떻게 이런 멋진 연설을 할 수 있었을까? 물론 모세는 하나님으로부터 앞으로 일이 어떻게 전개될 것인지 미리 들었기 때문에 그리 놀라지 않았을 것이라고 생각하겠지만, 실제로 그런 상황에 직면했을 때는 그렇지 않았을 것이기 때문에, 그리고 하나님이 어떻게 역사하실 것인지는 모세도 모르기 때문에, 우리는 모세가 하는 말에 감탄하지 않을 수 없는 것이다. 그런 다음, 모세는 하나님께 도움을 부르짖으며 도움을 요청한다(15절. "너는 어찌하여 내게 부르짖느냐?"). 앞에는 바다이고 뒤에는 바로 군대가 추격해 오고, 이스라엘은 어떻게 해야 할 것인가? 이때 하나님은 "나에게 물어볼 필요가 뭐 있느냐? 그냥 앞으로 나가면 될 일이지."라고 말씀하신다. 그런 다음, 모세로 하여금 지팡이를 들고 바다 위로 손을 내밀어서 바다를 갈라지게 하라고 말씀하신다. 우리가 보기에 이것은 순서가 틀렸다. 모세로 하여금 손을 내밀어서 바다를 먼저 갈라지게 한 다음, 이스라엘 백성들로 하여금 바다로 나아가게 하는 것이 제 순서일 것이기 때문이다. 그런데 하나님은 물이 출렁거리는 바다로 이스라엘 사람들을 일단 들어가게 하고, 그 다음에 물을 가르신다. 11절과 12절에서 읽었듯이, 이스라엘 사람들 가운데 "우리는 이제 다

죽었다."고 심하게 불평하는 사람들도 있는데, 그들이 과연 출렁거리는 바다로 아무 대책 없이 들어갈 것인가? 건물에 불이 났을 때 피할 방도가 없으면 죽거나 다칠 줄 알면서도 아래로 뛰어내리듯이, 이스라엘 사람들도 그런 심정으로 바다를 향해 아무 대책 없이 뛰어들 수도 있을 것이다. 그런데 놀라운 사실은 하나님이 애굽 군대도 바다로 들어올 것으로 예측하신다는 것이다. 물론 이스라엘 사람들이 죽을 때 죽더라도 일단 바다로 뛰어들면서 바다가 나누어지고 그들은 바다 가운데 난 마른 길을 통과하는데, 이스라엘 사람들처럼 그렇게 급박한 상황이 아닌 애굽 군대가 과연 이스라엘 사람들을 따라서 바다로 뛰어 들어올 것인가? 아무리 마른 길이 바다 가운데 났다고 해도 애굽 군대가 그곳으로 들어올 것인가? 그런데 하나님은 애굽 사람들이 이스라엘 사람들에게 집착하는 정도를 이미 아시기 때문에, 그들도 이스라엘 사람을 잡기 위해서라면 물불을 가리지 않을 것이라고 생각하신 것이다.

17절과 18절을 보면, 하나님은 바로의 군대를 통해서 영광을 얻으실 것이고, 그 일을 통해서 그들은 하나님이 어떤 분인지 새삼 깨달을 것이라고 말씀하신다. 그래서 우리 하나님이 무엇을 목적으로 삼으시는지 다시 알려 주신다.

19절은 우리 하나님이 언제나 이스라엘 사람들 앞에 가셨음을 알려 준다. 그런데 이번에는 이스라엘 사람들 뒤편으로 가시는데, 불기둥도 역시 뒤편으로 이동한다. 그래서 이스라엘 사람들과 애굽 군대 사이에 머무른다. 그리고 이스라엘 사람들 쪽으로 빛을 비춰서 그쪽은 환하고, 애굽 군대 쪽은 어둡게 하신다. 그래서 밤새도록 애굽 군대가 이스라엘 사람들에게 다가가려고 노력했지만, 그들은 한 발짝도 나가지 못했다. 이런 일을 겪었다면, 웬만한 지각을 가진 사람이라면, 자신들이 하나님 능력에 미치지 못한다는 사실을 깨닫고, 거기서 돌아섰을 텐데, 마치 도박에 눈먼 사람이 크게 한판 시고 난 다음에도 다시 한판만 더 하면 대박을 터뜨릴 것 같은 기분에 사로잡혀서 도박판을 떠나지 못하는 것처럼, 그들도 그런 심정으로 이스라엘 사람들에게 더 집착한다. 애굽 군대가 바로 앞에 있는 이스라엘 사람들을 잡지 못해서 안달하는 사이에, 모세는 바다로 손을 내민다. 그리고 바다가 나뉜다. 그런데 우리가 여기서 알아야 할 사실은 모세가 바다를 나눈 것이 아니고, 바다가 순식간에 나뉜 것도 아니라는 사실이다. 21절을 읽어 보자.

> 모세가 바다 위로 손을 내밀매 여호와께서 큰 동풍이 밤새도록 바닷물을 물러가게 하시니 물이 갈라져 바다가 마른 땅이 된지라

모세는 그저 손만 내밀었고, 하나님이 바다를 나누신다. 그리고 순식간에 바다가 나뉜 것이 아니고, 밤새도록 거센 동풍이 불면서 바다가 나누어졌다. 이스라엘 사람들은 하나님이 바다를 나누시는 것을 밤새 보면서 점차 마음을 안정시켰을 것이고, 애굽 사람들은 이스라엘 사람들을 붙들기 위해 더욱 안달하고 조급했을 것이다.

그리고 드디어 아침이 되었다. 이스라엘 사람들은 밤새 준비를 끝내고, 하나님도 밤새 바람을 불게 해서 바다에 길을 내셨다. 이스라엘

사람들은 그 길로 걸어서 바다를 건너고, 밤새 안달하던 애굽 군대도 이제 길이 열리자 신이 나서 이스라엘 사람들을 뒤쫓아 그 길로 들어온다. 그들에게는 아무것도 보이지 않는다. 오로지 이스라엘 사람들만 붙잡아서 다시 돌아가려는 마음뿐이기 때문이다. 어떻게 바다 가운데 길이 생겼는지 따져 볼 겨를도 없었을 것이다. 그런데 하나님은 불과 구름 기둥을 통해서 애굽 군대를 방해하신다. 그래서 애굽 군대를 어지럽게 하시고, 병거 바퀴를 벗겨서 달리지 못하게 하신다. 그래서 그들이 아무리 앞으로 나아가려고 해도 그들은 이스라엘 사람들을 붙잡을 수가 없었다. 한참 그런 어려움을 겪던 애굽 사람들이 그제야 제정신이 들었던 모양이다. 그래서 그들은 이렇게 말한다. 25절 중간부터 읽어 보자.

> 애굽 사람들이 이르되 이스라엘 앞에서 우리가 도망하자 여호와가 그들을 위하여 싸워 애굽 사람들을 치는도다

그들은 이제야 사태를 제대로 파악하기 시작한다. 그래서 제정신을 차리고 후퇴하는 것이 살길이라고 생각한다. 그런데 때가 너무 늦었다. 하나님은 모세에게 애굽 군대가 있는 곳을 향해서 손을 내밀라고 말씀하신다. 모세가 그대로 행하자, 애굽 군대가 있던 곳에 좌우로 나뉘었던 물이 다시 합해져서 그들 모두를 휩쓸었다. 그래서 아무도 물에서 빠져나오지 못하고 모두 죽임을 당했다. 그러는 사이에도 이스라엘 사람들은 바다 속에 난 마른 길을 걸어서 바다를 건넜다. 바다를 건넌 이스라엘 사람들은 아마도 뒤에서 일어난 일을 자세히 알지 못했을 것이고, 볼 수도 없었을 것이다. 그저 그들이 바다를 건넌

다음, 건너편 바닷가에서 떠밀려 온 애굽 사람 시체들을 보면서, 하나님이 그들에게 어떻게 역사하셨는지를 짐작했을 것이다. 이렇게 해서 정말 손에 땀을 쥐게 하는 하루가 지났다. 본문기자는 14장을 이렇게 마무리한다. 31절을 읽어 보자.

> 이스라엘이 여호와께서 애굽 사람들에게 행하신 그 큰 능력을 보았으므로 백성이 여호와를 경외하며 여호와와 그의 종 모세를 믿었더라.

할렐루야.

제15장 작심삼일(作心三日)

우리는 14장을 손에 땀을 쥐고 정신없이 읽었다. 이스라엘 사람들은 숲 바다를 건넜고, 그들을 추격해 온 애굽 군대는 바닷물에 휩쓸려 죽임을 당했다. 건너편 바닷가에 도착해서 뒤돌아본 이스라엘 사람들은 벌어진 일에 입을 다물지 못했을 것이다. 그리고 얼마쯤 시간이 흐른 다음, 그들은 노래를 한다. 그들은 1절에서 18절까지 상당히 긴 노래를 부른다. 이 노래는 매우 흥미롭다. 이스라엘 사람들이 과연 그 사건을 어떻게 이해하는지를 보여 주기 때문이다. 모세와 이스라엘 사람들이 부른 그 노래는 하나님께 드리는 찬양이었다. 그래서 그들은 노래를 이렇게 시작한다. 1절과 2절을 읽어 보자.

> 내가 여호와를 찬송하리니
> 그는 높고 영화로우심이요
> 말과 그 탄 자를 바다에 던지셨음이로다
> 여호와는 나의 힘이요 노래시며 나의 구원이시로다
> 그는 나의 하나님이시니 내가 그를 찬송할 것이요
> 내 아버지의 하나님이시니 내가 그를 높이리로다

그들은 먼저 여호와를 찬송하겠다고 한다. 하나님을 찬양하는 것은 하나님의 백성인 이스라엘 사람들에게는 지극히 당연한 일인데,

이 노래에서 그들이 여호와를 찬송하는 까닭은 그들을 추격하는 애굽의 병거부대를 하나님이 바닷물에 휩쓸려 죽게 했기 때문이다. 이것이 이스라엘 사람들에게 인상적이었던 것으로 보인다. 이스라엘 사람들은 하나님이 애굽 군대를 물리치시는 모습을 반복해서 다양하게 묘사한다. 우선 3~5절을 읽어 보자.

> 여호와는 용사시니 여호와는 그의 이름이시로다
> 그가 바로의 병거와 그의 군대를 바다에 던지시니
> 최고의 지휘관들이 홍해에 잠겼고
> 깊은 물이 그들을 덮으니
> 그들이 돌처럼 깊음 속에 가라 앉았도다

이스라엘 사람들은 여호와를 다양한 단어로 묘사하는데, 3절은 여호와를 '용사'(이쉬 밀하마<אִישׁ מִלְחָמָה>. 직역하면 '전쟁의 사람')라고 한다. 그리고 1절 뒷부분에 간략하게 언급한 것을 4절과 5절에서 상세하게 묘사한다. 이스라엘 사람들은 숲 바다 사건을 하나님이 애굽 군대와 싸우는 것으로 이해하는 것이다. 6절과 7절을 보면, 이것을 분명히 알 수 있다.

> a 여호와여 주의 오른손이 권능으로 영광을 나타내시니이다
> a′ 여호와여 주의 오른손이 원수를 부수시니이다
> b 주께서 주의 큰 위엄으로 주를 거스르는 자를 엎으시니이다
> b′ 주께서 진노를 발하시니 그 진노가 그들을 지푸라기같이 사르니이다

노래를 부르는 사람들은 동일한 의미의 구절을 반복하는 '동의적 평행법'을 두 차례 사용하면서, 하나님이 놀라우신 능력으로 적과 싸

워 이기시는 모습을 묘사한다. 하나님은 자신을 거스르는 적을 결단코 그냥 두지 않으신다. 7절 뒷부분을 보면, 하나님이 그들에게 진노하셨음을 알 수 있다. 이스라엘 사람들은 바닷물이 애굽 군대를 뒤덮고 휩쓸어 가는 것을 보고, 거기서 자신에게 대적하는 애굽 군대에 진노하시는 하나님 모습을 본 것이다. 이렇게 분노하시는 하나님 모습은 8절에 이어 나온다.

> 주의 콧김에 물이 쌓이되
> 파도가 언덕같이 일어서고
> 큰물이 바다 가운데 엉기니이다

그리고 노래하는 이스라엘 사람들은 그들을 추격하는 애굽 군대의 속마음을 이렇게 풀이한다. 9절을 읽어 보자.

> 원수가 말하기를 내가 뒤쫓아 따라잡아 탈취물을 나누리라
> 내가 그들로 말미암아 내 욕망을 채우리라(팀라에모 납시)
> 내가 내 칼을 빼리니 내 손이 그들을 멸하리라 하였으나

모세와 이스라엘 사람들은 애굽 군대를 '원수'(오예브)라고 부른다. 그들은 이스라엘 사람들을 대적하고 치려는 적이다. 그런데 이스라엘 사람들은 애굽 군대가 그들을 추격하고 그들을 치려는 이유를 그릇된 욕망으로 가득 차서 그 욕망을 채우기 위한 것이라고 말한다. 그들은 이스라엘 사람들을 추격해서 그들을 멸하겠다고 생각하고 자신만만해한다. 실제로 애굽 군대가 이스라엘 사람들을 추격해서 그들을 진멸하고 전리품을 빼앗아 가려고 한 것은 아니었다. 이스라엘 사람들을 다시 애굽으로 데려가서 그들을 섬기게 하려고 했다. 그런데 이

스라엘 사람들은 숲 바다 사건을 '전투'로 규정하기 때문에 이러한 표현을 하는 것이다. 애굽 군대가 이렇게 자신 있게 이스라엘 사람들을 추격했지만, 그들은 결국 하나님께 패배해서 거센 물에 납같이 잠겼다. 이스라엘 사람들은 애굽 군대가 바닷물에 휩쓸려 죽는 것을 이렇듯 탁월한 이미지로 묘사한다. 그리고 12절은 6절과 비슷한 표현("주께서 오른손을 드신즉")을 사용하면서, "땅이 애굽 군대를 삼켰"다고 말한다. 우리는 이 구절에서도 이스라엘 사람들에게 숲 바다 사건이 정말 인상적이었음을 다시 확인할 수 있다. 그리고 이스라엘 사람들은 숲 바다 사건을 통해서 하나님이 어떤 분임을 명확하게 알았다. 그래서 이렇게 고백한다. 11절을 함께 읽어 보자.

> 여호와여 신 중에 주와 같은 자가 누구니이까
> 주와 같이 거룩함으로 영광스러우며
> 찬송할 만한 위엄이 있으며
> 기이한 일을 행하는 자가 누구니이까

이렇듯 이스라엘 모세와 이스라엘 사람들은 하나님을 용사로 묘사하면서, 이스라엘을 치고 전리품을 얻으려 한 탐욕스러운 애굽 군대를 전몰케 하신 분으로 이야기한다. 그리고 하나님은 애굽 사람들뿐만 아니라 주변 나라들 백성들에게도 크나큰 두려움을 주시는 분이다. 14절에서 16절까지 읽어 보자.

> 14 여러 나라가 듣고 떨며 블레셋 주민이 두려움에 잡히며
> 15 에돔 두령들이 놀라고 모압 영웅이 떨림에 잡히며 가나안 주민
> 이 다 낙담하나이다
> 16 놀람과 두려움이 그들에게 임하매 주의 팔이 크므로 그들이 돌

같이 침묵하였사오니 여호와여 주의 백성이 통과하기까지 곧
주께서 사신 백성이 통과하기까지였나이다

이 구절들에서 우리가 확인하는 대로, 하나님은 블레셋과 에돔, 모압, 가나안 주민들을 두렵고 떨게 만들었다.[28] 그들에게 하나님은 무서운 신이었다. 그러나 이스라엘 사람들에 대해서는 한없이 자비하신 분이다. 13절과 17~18절을 읽어 보자.

13 주의 인자하심으로[29] 주께서 구속하신 백성을 인도하시되 주의
힘으로 그들을 주의 거룩한 처소에 들어가게 하시나이다
17 주께서 백성을 인도하사 그들을 주의 기업의 산에 심으시리이
다 여호와여 이는 주의 처소를 삼으시려고 예비하신 것이라 주
여 이것이 주의 손으로 세우신 성소로소이다
18 여호와께서 영원무궁 하도록 다스리시도다 하였더라

'주의 힘'은 다른 나라 사람들에게는 두려움의 대상이지만, 이스라엘 사람들에게는 인자하심의 표현이다. 하나님은 이스라엘 사람들에게 인자하신 분이고, 하나님은 이스라엘 사람들을 인도하시는 분이다. 그래서 이스라엘 사람들을 '주의 거룩한 처소', '주의 기업의 산', '주의 손으로 세우신 성소'에 두시는 분이다. 이것이 바로 이스라엘 사람들이 숲 바다 사건을 겪으면서 파악한 하나님 모습이다. 그래서 그들은 하나님이 그들의 왕이 되셔서 영원히 그들을 다스려 주시기

---

28) 여기서 본문기자는 놀람과 두려움을 나타내는 단어들을 다양하게 사용한다. 라가즈(공포로 떨다), 힐(두려움과 공포), 바할(공포에 사로잡히다), 라아드(떨다), 묵(앞뒤로 흔들어대다), 에마(놀람), 파하드(두려움, 공포). 본문기자는 이런 여러 가지 어휘들을 통해서, 그들이 얼마나 공포에 사로잡혔는지를 생생하게 보여준다.

29) 히브리어는 '버하스데카', 즉 '당신의 헤세드로'이다. '헤세드'는 하나님과 이스라엘 사람들이 맺은 계약을 끝까지 지키시는 하나님, 즉 이스라엘 사람들을 향하신 하나님의 끈질긴 사랑, 그 무엇으로도 끊을 수 없는 사랑을 의미한다.

를 기원한다. 다른 나라 사람들에게는 한없이 공포스러운 하나님을 이스라엘 사람들은 한없이 인자하신 분으로 생각하고, 다른 나라 사람들은 피하기를 원하는 하나님을 이스라엘 사람들은 영원무궁히 왕노릇 해 주시기를 요청하는 것이다.

이렇게 해서 꽤 긴 노래가 끝난다. 그런데 이 노래는 매우 즉흥적으로 지어진 것으로 보인다. 그렇게 생각하는 까닭은 노래 내용은 비교적 간단한데 노래흐름이 매끄럽지 않고 두서없이 같은 말을 반복하기 때문이다. 그런데 이렇게 정리되지 않고 이리저리 복잡하게 얽힌 노래형태가 오히려 숲 바다 사건을 막 겪은 이스라엘 사람들의 정리되지 않은 감정을 잘 보여 준다고 생각한다. 그리고 그들 가슴속에서 여전한 감동을 투박한 형태 그대로 드러내 보인다고 생각한다. 어쩌면 모세를 비롯해서 여러 사람들이 감격에 겨워 부른 노래들을 섞어 놓은 것인지도 모른다. 이것은 19~21절에서도 드러난다. 모세와 이스라엘 사람들이 노래를 부른 다음, 미리암과 이스라엘 여인들이 찬양한다. 본문기자는 19절에서 숲 바다 사건을 다시 언급하고, 미리암과 여인들이 찬양한 것을 기록한다. 미리암이 화답해서 부른 찬송은 "너희는 여호와를 찬송하라 그는 높고 영화로우심이요 말과 그 탄자를 바다에 던지셨음이로다."이다. 이것은 우리가 이미 1절에서 본대로, 모세와 이스라엘 사람들이 부른 노래의 첫 구절이다. 미리암이 이 구절을 다시 반복하는 것이다. 아마 이런 식으로 이스라엘 사람들은 노래를 주고받았던 것으로 보인다. 숲 바다 사건 이후에 감격에 겨워서 노래를 주고받으며 하나님께 영광을 돌리고 기뻐하는 이스라엘 사람들 모습이 눈에 선하다.

그런데 이스라엘 사람들은 노래만 한 것이 아니라 악기도 연주하고 춤도 추었다. 20절을 함께 읽어 보자.

> 아론의 누이 선지자 미리암이 손에 소고를 잡으매 모든 여인도 그를 따라 나오며 소고를 잡고 춤추니

우리는 이 구절을 읽으면서, 이스라엘 사람들이 건너편 바닷가에서 잔치를 벌이는 장면을 연상한다. 이스라엘 사람들은 둘러서서 서로 얼싸안고 기뻐하면서 노래를 주고받는다. 그리고 여인들은 손에 소고를 들고 무리들 가운데 서서 아름다운 춤을 춘다. 그러면서 그들도 노래를 주고받는다. 그들이 노래하고 춤추면서 기뻐하는 것은 오직 한 가지이다. 하나님이 바다를 능력으로 나누시어 이스라엘 사람들을 구하시고, 애굽 군대를 바다에 던지셨다는 것이다. 노래가 길든 짧든 이스라엘 사람들은 모두 이것을 노래한다.

그런데 언제까지나 잔치만 할 수는 없는 노릇이다. 숲 바다 사건이 아무리 감격스럽다고 해도, 그것으로 모든 것이 다 끝난 것은 아니기 때문이다. 오히려 그것은 시작에 불과하다. 이스라엘 사람들은 잔치를 끝내고 그곳을 떠나서 하나님이 약속하신 땅으로 가야만 한다. 그곳까지 가면서 얼마나 많은 일들이 일어날 것인지 아무도 모른다. 그리고 그것은 그리 오래지 않아서 일어난다. 22절과 23절을 읽어 보자.

> 모세가 홍해에서 이스라엘을 인도하매 그들이 나와서 수르 광야로 들어가서 거기서 사흘길을 걸었으나 물을 얻지 못하고 마라에 이르렀더니 그 곳 물이 써서 마시지 못하겠으므로 그 이름을 마라라

하였더라

모세는 기적의 장소, 승리의 장소 숲 바다를 떠나서 이스라엘 사람들을 인도해야 했다. 한없이 그곳에 머물러서 그 감격에 젖어 있을 수 있다면 좋겠지만, 그들은 앞으로 나아가야 한다. 그들은 수르 광야로 들어갔다. 그런데 그곳에서 사흘을 걸었지만, 물을 찾지 못했다. 이것은 보통 심각한 문제가 아니다. 한두 사람도 아니고 수많은 사람들이 사흘 동안 물을 찾지 못했다는 것은 '비상사태'인 것이다. 더욱이 사람뿐만 아니라 가축들도 많지 않은가. 숲 바다를 떠난 지 사흘. 물이 없는 이 사흘은 이스라엘 사람들로 하여금 숲 바다 사건의 감격을 깨끗이 잊게 하는 데 충분했다. 누구라도 사흘만 굶으면 다른 집 담을 넘는다는 말이 있듯이, 이스라엘 사람들은 사흘 동안 물을 마시지 못하자, 눈에 아무것도 보이지 않았을 것이다. 물 때문에 살인이라도 저지를 상황이었을 것이다. 그런데 그들이 그렇게 사흘을 걸어서 도착한 곳에 물이 있었다. 목마른 사람들은 달려들어서 물을 마셨을 것이다. 그러나 그 물은 마실 수 없는 물이었다. 쓴 물이었다. 그 물을 마시고 사람들은 복통으로 죽을 고생을 했을 것이다. 물이 있지만 마실 수 없는 물. 이 얼마나 고통스러운 일인가. 그래서 사람들은 그곳 이름을 '마라'로 지었다. 쓴 물. 이것은 단지 그곳 물이 쓰다는 것뿐만 아니라 이스라엘 사람들이 겪는 고통이 얼마나 심각한지도 알려 준다. 그들은 물이 없어서 정말 죽을 고생을 하는 것이다. 이럴 때 우리는 어떻게 할까? 이스라엘 사람들은 모세를 원망했다. 마실 물이 없다고 모세를 원망한다. 이것은 너무도 당연하다. 마실 물이 없으니 지도자인 모세를 찾아가서 따질 수밖에 없지 않은가. 그런데 모세도 방법이 없었던 모양이다. 그럴 수밖에 없었을 것이다. 그래서 모세는 하나님께 부르짖는다. 그러자 하나님은 그에게 지혜를 주시고, 모세는 하나님이 일러 주신 대로 한 나무를 물에 던진다. 그랬더니 쓴 물이 단물로 변해서, 이스라엘 사람들은 그 물을 마시고 한 고비를 넘긴다. 세상에 쉬운 일이 없다더니, 이스라엘 사람들에게는 한 고비 넘어 태산이요 한 고비 넘어 험산준령이다.

본문기자는 하나님이 그곳에서 이스라엘 사람들에게 법도와 율례를 주시고 그들에게 그 법도와 규례를 지키게 하셨다고 말한다. 26절을 함께 읽어 보자.

> 이르시되 너희가 너희 하나님 나 여호와의 말을 들어 순종하고 내가 보기에 의를 행하며 내 계명[30]에 귀를 기울이며 내 모든 규례[31]를 지키면 내가 애굽 사람에게 내린 모든 질병 중 하나도 너희에게 내리지 아니하리니 나는 너희를 치료하는 여호와임이라[32]

이 구절을 읽으면서, 하나님은 정말 주도면밀(周到綿密)하시다고 고백하지 않을 수 없다. 이스라엘 사람들이 사흘 동안 물이 없어서 고통당하고, 그리고 마라에 도착해서 쓴 물을 마시고 이제는 죽게 되었다고 절망할 때 하나님이 쓴 물을 단물로 바꿔 주셔서 겨우 살아났는데, 그 모든 과정이 바로 이스라엘 사람들에게 깊은 교훈을 주시려고 하나님이 계획하신 일이었다니 말이다. 하나님은 이스라엘 사람들로

30) 히브리어 원문은 '그의 명령들'로, 3인칭 소유격을 사용했는데, 문맥상 일인칭 소유격, 즉 '나의 (계명)'로 번역하는 것이 좋겠다고 생각한 것으로 보인다.

31) 이것도 히브리어 원문은 '그의 규례들'인데, 문맥상 '나의(규례)'로 번역한 것으로 보인다.

32) 히브리어 원문을 직역하면, "나는 여호와, 너의 치료자(로퍼에카)이다."

하여금 그 고통스러운 과정을 겪게 하심으로써, 하나님이 정해 주신 계명을 지키기만 하면, 하나님이 쓴 물을 단물로 바꿔 주시듯 이스라엘 사람들의 질병을 치료해 주실 것이라고 약속하신다. 그래서 앞으로 이스라엘 사람들은 '마라'를 하나님이 '치료하시는 여호와'임을 경험한 곳으로 기억할 것이다.

그들은 그곳을 떠나 앞으로 나아가서 엘림이라는 곳에 도착한다. 엘림은 '마라'와는 정반대인 곳이다. 그곳에는 물 샘이 열둘이나 있고 종려나무 일흔 그루가 있었다. 그들은 그 물 곁에 장막을 쳤다. 마라를 지나 엘림으로.

제16장 목구멍이 포도청, 그리고 만나

엘림. 물 샘 열둘, 종려나무 일흔 그루. 마라를 경험했던 이스라엘 사람들에게 엘림은 말 그대로 사막 한가운데서 만난 '오아시스'였다. 이스라엘 사람들은 그곳에 계속 머물고 싶었을 것이다. 그러나 그들이 머물 곳은 그곳이 아니었다. 아무리 좋아 보여도 여정을 엘림에서 멈출 수는 없었다. 그래서 그들은 다시 길을 떠난다. 그리고 출애굽한 지 한 달 보름 되던 날 엘림과 시내 산 사이에 있는 신 광야에 도착한다. 그들은 시내 산을 향해서 가는 것으로 보인다. 엘림을 경험한 사람들에게 광야는 고행이었을 것이다. 마실 물이 충분하고 종려나무들이 그늘을 드리운 엘림이 그리웠을 것이다. 그래서 그들은 그 광야에서 다시 모세를 원망한다. 마라에서 물 때문에 모세를 원망했던 이스라엘 사람들이 이번에는 무엇 때문에 모세를 원망하는지 알아보자. 3절을 읽어 보자.

> 이스라엘 자손이 그들에게 이르되 우리가 애굽 땅에서 고기 가마 곁에 앉아 있던 때와 떡을 배불리 먹던 때에 여호와의 손에 죽었더라면 좋았을 것을 너희가 이 광야로 우리를 인도해 내어 이 온 회중이 주려 죽게 하는도다

신 광야에 도착한 이스라엘 사람들은 의식주를 해결하는 것이 쉽지 않았을 것이다. 그들이 아무리 식량을 많이 준비했다고 해도 1달 이상 먹을 양식을 준비하지는 않았을 것이기 때문이다. 그렇다고 그들이 식량을 구입하기도 어려웠을 것이다. 출애굽한 지 한 달 보름가량 지났을 때, 그들은 의식주 문제로 고통을 겪을 수밖에 없었다. 광야 생활이 힘들다 보니, 그들이 종살이하던 때가 오히려 그리워질 지경이었다. 그들은 이렇게 고생할 바에야 차라리 애굽에서 종살이하면서 살다가 그곳에서 죽는 게 나았을 것이라고 신세타령을 한다. 그리고 왜 자신들을 애굽에서 이끌어 내서 이 고생을 하게 하느냐고 모세를 원망한다. 애굽에서 종살이는 했지만, 애굽에서 그들은 고기를 먹을 수 있었고 떡도 배불리 먹을 수 있었다고 한다. 그들이 원하는 것은 고기와 떡을 한번 배불리 먹어 보는 것이다. 그래서 그들이 벗어난 애굽에서의 생활을 이상화하면서 그리워하는 것이다.

이 얼마나 우스꽝스러운가. 그리고 얼마나 어리석은가. 출애굽한 지 한 달 보름이 지나고 그리고 다른 곳도 아닌 광야에서 먹고사는 문제가 힘들다는 것은 충분히 이해할 수 있지만, 그렇다고 애굽에서 생활하던 것을 그리워하고 그것을 이상화한다는 것은 아무래도 납득하기 힘들다. 그들은 하나님이 그들을 출애굽시키기 위해서 얼마나 정교하고 섬세하게 계획하고 일을 추진해 왔는지에 대해서는 관심이 없다. 하나님이 그들을 출애굽시키신 까닭이 무엇인지에도 관심이 없다. 그저 한 번만이라도 고기와 떡을 배불리 먹었으면 한이 없겠다고 생각한다. 그리고 이스라엘 사람들은 애굽 왕과 모세를 비교한다. 애굽의 바로와 그 신하들은 이스라엘 사람들을 배불리 먹게 해 주었지만, 모세는 그들을 굶주리게 하고 그들에게 고통을 준다는 것이다. 그리고 더 나아가 이스라엘 사람들은 모세가 아니라 하나님을 원망하는 것으로 보인다. 애굽 신은 그곳에 사는 사람들에게 먹을 것을 풍성하게 주시는 분이지만, 이스라엘 사람들을 이끌어 낸 하나님은 이스라엘 사람들을 굶주리게 하는 신이라는 것이다. 이런 원망을 듣고 우리 하나님이 가만있지 않으실 것이다. 4절을 읽어 보자.

> 그때에 여호와께서 모세에게 이르시되 보라 내가 너희를 위하여 하늘에서 양식을 비 같이 내리리니 백성이 나가서 일용할 것을 날마다 거둘 것이라 이같이 하여 그들이 내 율법을 준행하나 아니하나 내가 시험하리라

이스라엘 사람들이 퍼붓는 원망을 들으신 하나님은 이스라엘 사람들에게 양식을 풍성하게 주겠다고 말씀하신다. 하나님은 "하늘에서 양식을 비같이 내"릴 것이라고 말씀하신다. 정말 기가 막힌 표현이다. 하늘에서 양식을 비같이 내리는 것이 무엇을 의미하는지는 알 수 없지만, 그 이미지만으로도 풍성함이 생생하게 느껴진다. 그래서 우리는 이 구절을 읽으면서 하나님이 이스라엘 사람들에게 차고 넘치게 식량을 주실 것이라고 생각한다. 집집마다 가득가득 채워 놓을 만큼 하나님이 그렇게 많은 식량을 주실 것이라고 생각한다. 그런데 하나님은 그렇게 말씀하시지 않는다. 하나님은 이스라엘 사람들에게 넘치게 주시겠다고 하지 않으신다. 하나님이 비처럼 양식을 주셔서 이스라엘 사람들이 평생 먹고도 남을 만큼 곡식창고를 가득 채우게 하시겠다고 말씀하지 않으신다. 하나님은 이스라엘 사람들에게 매일 식량을 주셔서, 이스라엘 사람들이 날마다 식량을 거둬들이게 하신다. 그

래서 이것을 '일용할 것'(더바르-욤 버요모. 직역하면, '그날 하루치')이라고 하신다. 이스라엘 사람들에게 풍요로움은 곡식창고를 가득 채우고 평생 먹고사는 데 걱정 없이 사는 것이 아니고 매일매일 그날 필요한 것을 거두는 것이다. 그리고 이것을 통해서 하나님이 확인하시려는 것은 '이스라엘 사람들이 하나님이 주신 법을 준행하느냐 그렇지 않느냐'라고 말씀하신다.

하나님으로부터 말씀을 들은 모세는 이스라엘 사람들에게 자신 있게 말한다. 6절에서 모세는 이스라엘 사람들이 저녁이 되면, 하나님이 이스라엘 사람들을 애굽에서 내신 것을 알게 될 것이라고 말한다. 이것은 출애굽을 평가절하(平價切下)하고 애굽을 그리워하는 사람들에게 출애굽이 놀라운 하나님의 역사임을 밝히는 것이다. 그리고 7~12절에는 '원망'(털룬노트)이라는 단어가 여섯 번(명사형 5번, 동사형 1번) 나온다. 모세는 이스라엘 백성들이 먹을 것이 없다고 원망하는 것은 모세를 원망하는 것이 아니고, 모세가 하나님을 대변하는 사람이기 때문에 하나님을 향한 원망임을 명백히 한다(8절 뒷부분). 그렇기 때문에 불평하면서 출애굽을 무의미하게 만들려고 하는 사람들은 하나님을 거역하는 사람들이라는 것이다. 애굽 사람들뿐만 아니라 이스라엘 사람들도 하나님이 어떤 분인지 알지 못한다는 것을 보여준다. 그리고 그들은 자신들이 출애굽을 했음에도 불구하고 출애굽이 얼마나 중요한 역사적 사건인지도 알지 못한다. 그래서 하나님은 "내가 여호와 너희의 하나님인 줄 알리라."(12절 뒷부분)고 말씀하신다. 6~12절을 한 묶음으로 보면, 이 구절들은 하나님이 누군지를 알 것이라는 말로 시작해서 하나님이 누구인 줄 알 것이라는 말로 마무리

한다. 이 말씀을 이스라엘 사람들에게 하시는 하나님은 마음이 얼마나 답답하셨을까?

13절부터는 '만나'에 관한 말씀이다. 본문기자는 만나가 생기는 과정을 자세히 살펴서 이렇게 기록한다. 13절과 14절을 읽어 보자.

> 저녁에는 메추리가 와서 진에 덮이고 아침에는 이슬이 진 주위에 있더니
> 그 이슬이 마른 후에 광야 지면에 작고 둥글며 서리 같이 가는 것이 있는지라

아침에 땅 표면에 둥글고 가는 것들이 생겨났다. 이스라엘 사람들도 그것을 처음 보았던지, 서로 궁금해서 물어본다. "이것이 무엇이냐?"(마 후) 그래서 그것을 '만나'(만 후. 히브리어는 만나가 아니고 그냥 '만'이다.)라고 했다는데, 모세는 "여호와께서 너희에게 주어 먹게 하신 양식(레헴)이라"고 말한다(15절). 모세가 이렇게 말한 까닭은 이스라엘 사람들이 처음 보는 것에 호기심을 가질 뿐, 그것이 그들에게 하나님이 주시는 양식이라는 데에는 관심을 갖지 않았기 때문인 것으로 보인다.

모세는 그들에게 만나를 거두는 규례를 일러 주신다. 16절을 읽어 보자.

> 여호와께서 이같이 명령하시기를 너희 각 사람은 먹을 만큼만 이것을 거둘지니 곧 너희 사람 수효대로 한 사람에 한 오멜씩 거두되 각 사람이 그의 장막에 있는 자들을 위하여 거둘지니라 하였느니라

이 구절에서 하나님이 강조하시는 것은 4절에서 우리가 이미 살펴본 대로, '일용할 양식'이다. 이스라엘 사람들은 한 가족이 하루 살기에 필요한 양식만을 거둬야 한다. 그 양은 한 사람당 대략 한 오멜[33] 정도였던 것으로 보인다. 그런데 17절과 18절을 보면, 사람들이 나름대로 만나를 거두었는데, 각 사람이 먹을 만큼만 거두었다. 이스라엘 사람들은 하나님이 명령하신 대로 일용할 양식만을 거둔 것이다. 모세는 이스라엘 사람들에게 그날 식량을 다음 날까지 남겨 두지 말라고 지시했는데, 뭔가 염려스러운 사람들이 다음 날까지 남겨 두었는데, 벌레가 생기고 냄새가 났다. 이렇게 지시를 어기는 사람들에게 모세는 화를 냈다(20절). 그런데 아침에 생긴 만나는 해가 뜨고 날이 더워지면 사라졌기 때문에(21절), 이스라엘 사람들은 그전에 만나를 거둬들여야 했다. 그들은 아침에 일찍 일어나서 부지런하게 움직여야 했을 것이다. 그리고 5절에서 이미 지시한 대로 여섯째 날에는 평상시보다 갑절, 즉 한 사람당 두 오멜씩 거두도록 했는데, 이것은 그 다음 날, 즉 안식일[34] 때문이었다. 이스라엘 사람들은 안식일에는 일을 하지 말아야 하기 때문에 안식일에 먹을 식량을 전날 준비해야 하고, 그리고 음식도 미리 만들어 두어야 한다(23절). 그런데 희한하게도 평일에는 음식을 남겼을 때 다음 날 벌레가 생기고 냄새가 났지만, 안식일 식량은 전날 거두어서 조리를 해 두어도 안식일에 변질되지 않았다(24절).

---

33) 1오멜은 36절에 의하면 10분의 1에바인데, 1에바가 대략 23리터이기 때문에 1오멜은 2.3리터이다.

34) 23절은 안식일을 "샵바톤 샵바트-코데쉬 라아도나이"라고 하는데, 이것은 안식일이 아주 불가피한 일을 제외하고는 하루 종일 아무 일도 하지 말고 온전히 쉬어야 하는 거룩한 날임을 의미한다.

안식일에는 '휴일'이어서 온전히 쉬어야 하기 때문에 만나를 거두지 말아야 하고(26절에 의하면 안식일에는 만나가 생기지 않는다.), 음식도 만들지 말아야 한다. 그렇게 해야 이스라엘 사람들은 안식일, 즉 '여호와의 안식일'을 제대로 지킬 수 있다. 하나님은 이렇게 안식일 준수를 강조하는데, 이스라엘 사람들 가운데는 그 말을 따르지 않고, 호기심 때문인지 아니면 전날 식량을 준비하지 못해서 그런 것인지 알 수 없지만, 안식일 아침에 만나를 거두러 나갔다가 빈손으로 돌아온 사람들이 있었다. 하나님은 모세에게 이스라엘 사람들이 왜 하나님 말씀을 따르지 않는지 따지신다. 28절을 읽어 보자.

> 여호와께서 모세에게 이르시되 어느 때까지 너희가 내 계명과 율법을 지키지 아니하려느냐

아무리 이야기해도 이스라엘 사람들이 하나님 말씀을 지키지 않은 것으로 보시고, 하나님이 안타까워하시고 화도 내시지만, 그렇다고 아직 그것으로 이스라엘 사람들에게 벌을 내리지는 않으신다. 하나님은 다시 한 번 이스라엘 사람들에게 만나와 관련한 안식일 규정을 일러 주신다. 29절과 30절을 읽어 보자.

> 볼지어다 여호와가 너희에게 안식일을 줌으로 여섯째 날에는 이틀 양식을 너희에게 주는 것이니 너희는 각기 처소에 있고 일곱째 날에는 아무도 그의 처소에서 나오지 말지니라 그러므로 백성이 일곱째 날에 안식하니라

여기서 보는 대로, 하나님이 안식을 제정하신 까닭은 이스라엘 사람들에게 안식을 주기 위함이다. 백성들로 하여금 엿새 동안 열심히

일하게 하고, 일곱째 날에는 온전히 쉬게 하려는 것이 하나님 뜻인데, 이것을 이스라엘 사람들이 범하는 것이다. 하나님이 쉼을 명해도 쉬지 않는 사람들. 이것이 하나님 뜻을 거스르고 하나님을 화나게 하는 일이라는 것을 알아야 한다. 우리가 온전히 안식하지 않을 때 하나님은 우리에게 이렇게 말씀하신다.

> 어느 때까지 너희가 내 계명과 내 율법을 지키지 아니하려느냐(28절)

하나님이 이처럼 안식을 강조하는 것은 중요한 의미를 갖는다. 안식은 권고사항이 아니다. 하나님이 하신 가장 강력한 명령 가운데 하나이다. 안식일에 쉬지 않을 때, 그래서 하나님이 하신 쉼의 명령을 어길 때, 이스라엘 사람들이 어떤 벌을 받는지 앞으로 알게 될 것이다. 어쨌든 무슨 일이 있어도 일곱째 날에는 쉬는 것이 하나님 뜻이고 하나님 명령이다.

이스라엘 사람들은 그들이 매일 아침 땅에서 거두는 식량을 '만나'라고 불렀다(31절). 그리고 본문기자는 만나가 깟씨같이 희고 맛은 꿀 섞은 과자 같다고 묘사한다. 본문기자가 이렇게 만나를 우리에게 알려 주지만, 우리는 만나가 어떻게 생긴 것인지 전혀 알 수가 없다. 그리고 만나 생김새는 본문에서 그리 중요하지 않다. 거기에 관련한 하나님 뜻을 따르느냐 따르지 않느냐가 중요하다.

하나님은 만나를 별도 용기에 담아서 후손들을 위해 대대로 간수하라고 명령하신다(32절). 여기서 후손이 중요하다. 하나님은 이스라엘의 신앙전승이 후손들에게 대대로 이어지기를 원하신다. 그래서 후손들을 교육하기 위한 교육자료들을 때마다 만들게 하신다. 하나님은 만나를 따로 보관해서 그것으로 이스라엘 사람들이 후손들을 교육하게 하신다. 교육의 목적은 후손들에게 하나님이 이스라엘 사람들을 애굽에서 인도해 내셨다는 것을 가르치는 것이다. 하나님은 이스라엘 사람들을 애굽에서 이끌어 내시고, 그들에게 일용할 양식을 주셨다. 이것을 후손들에게 가르치기 위해서 만나를 따로 보관하게 하신다.

모세는 하나님이 지시하신 그대로 한다. 아론에게 말해서 항아리에 만나 한 오멜을 담아서 여호와 앞에 두고 대대로 간수하게 한다. 모세와 아론은 하나님이 말씀하신 대로 만나 증거물을 증거판 앞에 두고 간수하게 한다. 이렇게 하나님과 이스라엘 사람들은 후손교육을 위한 교육자료를 만들어서 대대로 보관하는 것을 중요하게 생각한다.

본문기자는 이스라엘 사람들이 만나를 사십 년 동안 먹었다고 기록한다. 이스라엘 사람들은 가나안 땅에 들어가기 전까지 만나를 먹었단다. 이스라엘 사람들은 이 사십 년 동안 만나를 먹으면서, 하나님이 그들에게 일용할 양식을 주시고, 하루 먹을 것을 하루 거두어서 사는 삶이지만, 그것이 얼마나 풍성한 삶인지를 깨달았을 것이다. 그들은 불필요한 욕망을 갖지 않았을 것이고, 하루하루 삶을 통해서 그들에게 일용할 양식을 주시는 하나님께 감사하고 찬양했을 것이다. 특히 본문기자는 16장 마지막 절, 즉 36절에서 "오멜은 십분의 일 에바이더라."고 하면서 지금까지 여러 차례 이야기한 곡식 단위인 오멜이 도대체 어느 정도 무게인지를 생각게 한다.

제17장 르비딤 또는 맛사

이스라엘 사람들은 출애굽 이후에 계속 이동을 하고 광야에서 생활하면서, 먹고사는 것이 얼마나 큰 문제인지 알았을 것이다. 차라리 애굽에서 종노릇 하다가 거기서 죽는 것이 더 나았을 것이라고 한탄할 만큼 출애굽 여정은 힘겨웠다. 어찌어찌 해서 급박한 문제를 해결하고 위기를 넘겼다고 해도, 그것으로 만사 오케이는 아니었다.

신 광야에 머물면서 먹고사는 문제로 한바탕 소동을 일으킨 이스라엘 사람들은 매일 아침 하나님이 내려 주시는 만나로 먹고사는 문제를 해결했다. 그런데 하나님은 이스라엘 사람들로 하여금 엘림을 떠나서 신 광야로 가게 하셨듯이, '그 노정대로' 이제 신 광야를 떠나서 르비딤에 이르게 하신다. 이스라엘은 아직 갈 길을 다 가지 못했고, 그들이 가야 할 길은 많이 남아 있었다.

그런데 르비딤에 이르렀을 때에, 그들은 그곳이 머무를 만한 곳이 아니라는 사실을 즉각 깨달았다. 무엇보다 그곳에는 물이 없었다. 숲 바다를 기적적으로 건넌 후 수르 광야를 걸어가는 사흘 동안 이스라엘 사람들은 물이 없어서 고통을 당했는데, 그 고통을 르비딤에서도 당하게 된 것이다. 이스라엘 사람들은 목이 말라도 물이 없어서 마시지 못하는 고통을 이미 경험했기 때문에, 르비딤에 물이 없다는 사실을 알았을 때, 그들은 정신적으로 공황(恐慌) 상태에 빠졌는지도 모른다. 이스라엘 사람들은 완전히 혼란 상태에 빠졌고, 아무도 그들을 통제할 수 없게 되었을 것으로 보인다. 우리는 그런 흔적들을 본문에서 찾을 수 있다. 이스라엘 사람들은 모세에게 몰려가서, 지도자이면서 어떻게 물도 없는 곳으로 자신들을 이끌고 왔는지를 따졌을 것이다. 그리고 앞으로 어떻게 할 것인지 대책을 물었을 것이고, 자신들을 책임지라고 고래고래 소리 질렀을 것이다. 모세와 이스라엘 사람들이 나눈 대화(2~3절)를 정리해 보자.

> 이스라엘 사람들: (백성이 모세와 다투어 이르되) 우리에게 물을 주어 마시게 하라
> 모 세: 너희가 어찌하여 나와 다투느냐 너희가 어찌하여 여호와를 시험하느냐
> 이스라엘 사람들: (거기서 백성이 목이 말라 물을 찾으매 그들이 모세에게 대하여 원망하여 이르되) 당신이 어찌하여 우리를 애굽에서 인도해 내어서 우리와 우리 자녀와 우리 가축이 목말라 죽게 하느냐

이 대화를 살펴보면, 이스라엘 사람들은 모세에게 물을 달라고 요청한다. 그러자 모세는 자신과 다투는 것이 여호와를 시험하는 것이라고 말한다. 이것은 16장에서 모세가 이미 사용하고 하나님도 인정한 논리이다. 그리고 우리도 그렇게 생각한다. 그런데 목이 마른 이스라엘 사람들은 그것이 하나님과 다투고 하나님을 시험하는 일이든 아니든 거기에는 관심이 없었다. 그저 그들에게 마실 물만 주면 그만

이었다. 그들은 자신들에게 마실 물도 주지 못하고 먹을 것도 제대로 챙겨 주지 못하면서, 무엇 하려고 자신들을 출애굽게 해서 이 광야에서 목말라 죽게 하느냐고 따진다. 그들에게 출애굽은 그것이 아무리 엄청난 일이라고 해도, 물이나 먹을 것이 없을 때는 아무것도 아니었다. 차라리 애굽에서 종노릇을 할지언정, 먹고사는 문제만 없다면, 애굽에 머무는 것이 더 낫다고 생각한다. '출애굽도 식후경'이라고 할 만큼, 그들은 먹고사는 문제에 매달려 있다. 물론 먹고사는 문제에서 초탈한 도사가 아닌 한, 그럴 수밖에 없을 것이다. 자신들도 문제지만, 자식들과 가축들이 목이 말라서 고통당하는 모습을 지켜보는 게 쉽지 않은 일이었을 것이기 때문이다.

그들은 모세와 아론을 비롯한 지도층 사람들을 금방이라도 죽일 듯이 그렇게 몰아세웠을 것이다. 르비딤에서 이스라엘 사람들은 폭동을 일으키기 직전이었는지도 모른다. 모세도 그것을 감지하고 생명의 위협을 느꼈을 것이다. 4절을 읽어 보자.

> 모세가 여호와께 부르짖어 이르되 내가 이 백성에게 어떻게 하리이까 그들이 조금 있으면 내게 돌을 던지겠나이다

모세가 말하는 대로, 이스라엘 사람들은 화가 날 대로 나서 모세와 아론에게 정말로 돌을 집어 던지기 직전이었을 것이다. 그리고 여기서 보는 대로, 모세는 아무런 대책이 없다. 그는 이스라엘 사람들에게 아무것도 해 줄 게 없다. 물이 없어서 고통당하는 이스라엘 사람들에게 물을 주어야 하는데, 자기 힘으로는 그렇게 할 수가 없다는 것을

너무도 잘 안다. 그러니 하나님께 부르짖을 수밖에 없지 않는가. 모세는 문제가 일어날 때마다 하나님께 부르짖는다. 이것은 그가 믿음이 좋아서라기보다, 아무것도 해결할 능력도 대책도 없기 때문이다. 그런데 그렇게 부르짖으면 하나님이 모세에게 대책을 일러 주신다. 그리고 문제를 해결하게 하신다. 하나님은 이번에도 아무런 방법이 없어서 하나님께 부르짖는 모세에게 문제를 해결할 방책을 일러 주신다. 5절과 6절을 읽어 보자.

> 여호와께서 모세에게 이르시되 백성 앞을 지나서 이스라엘 장로들을 데리고 나일 강을 치던 네 지팡이를 손에 잡고 가라 내가 호렙 산에 있는 그 반석 위 거기서 네 앞에 서리니 너는 그 반석을 치라 그것에서 물이 나오리니 백성이 마시리라 모세가 이스라엘 장로들의 목전에서 그대로 행하니라

하나님은 모세에게 어떻게 해야 할 것인지를 상세하게 일러 주신다. 그런데 하나님이 모세에게 일러 주신 것은 '정면 돌파' 방법이다. 하나님은 모세가 위축되어서 지도자로서 위엄을 잃는 것을 원치 않으신다. 그렇게 해서야 앞으로도 먹고사는 문제로 독이 오를 사람들을 어찌 통솔할 수 있겠는가? 사람들이 모세를 돌로 쳐 죽이겠다고 난리를 치기 직전 상황인데, 오히려 하나님은 모세로 하여금 그 사람들 앞을 태연히 지나가게 하신다. 하나님은 모세에게 세밀한 것까지 일러 주신다. 나일 강을 치던 지팡이를 손에 잡고 가라고 하신다. 그리고 이스라엘 장로들을 데리고 호렙 산에 있는 반석으로 가게 하신다. 앞으로 어떤 일이 벌어질지 알 수 없지만, 물이 없어서 폭동 직전인 상황에서 다른 곳도 아닌 산에 있는 반석으로 사람들을 데리고 가

는 게 말이 되는가. 어떻게 이스라엘 장로들이 그곳까지 모세를 따라갔을까 의아할 정도이다. 그리고 이스라엘 사람들도 그 뒤를 따라왔을 텐데, 모세가 산에 있는 반석으로 장로들을 데려가는 것을 보고 어떻게 생각했을까? 하나님은 모세에게 그 반석 위에서 모세를 만나시겠다고 말씀하시는데, 이스라엘 장로들과 백성들은 말할 것도 없고, 모세도 하나님이 그곳으로 자신을 데려가는 것을 결코 이해할 수 없었을 것이다. 그렇지 않은가? 물 근원을 찾게 해 주시거나 계곡에서 샘물을 찾게 해 주신다면 모르겠는데, 산 위에 있는 반석이라니…. 그런데도 모세는 아무런 말도 하지 않고 하나님이 일러 주시는 곳으로 간다. 그리고 하나님이 명령하신 대로 반석을 지팡이로 치고 거기서 나오는 물을 사람들에게 먹인다. 결과는 극적이어서 다행이지만, 모세는 도무지 상식적으로 이해할 수 없는 상황에서도 아무런 말도 없이 하나님이 하라는 그대로 한다. 이것은 놀라운 일이다. 모세라고 모든 것을 이해했을 리 만무하다. 그런데도 모세가 아무런 말도 없이 하나님이 시키는 대로 하는 이유가 무엇일까? 우리는 그것을 7절에서 짐작할 수 있다. 7절을 읽어 보자.

> 그가 그곳 이름을 맛사[35] 또는 므리바[36]라 불렀으니 이는 이스라엘 자손이 다투었음이요 또는 그들이 여호와를 시험하여 이르기를 여호와께서 우리 중에 계신가 안 계신가 하였음이더라

우리는 이 구절을 읽으면서, 모세가 무엇을 소중하게 여겼는지를

35) '시험'(試驗)이라는 의미를 갖는다. 이것은 이스라엘 사람들이 그들에게 마실 물도 주지 못하는 하나님이 과연 진짜 신인지 의심했음을 가리킨다.

36) '송사'(訟事)라는 의미를 갖는다. 이것은 이스라엘 사람들이 물이 없어서 마시지 못하는 것이 과연 누구 잘못인지를 따졌음을 가리킨다.

알 수 있다. 우리가 앞에서 살펴본 대로, 출애굽 이후 이스라엘 사람들은 먹고 마시는 것에 집착한다. 그래서 그들에게 하나님도 출애굽도 먹고 마시는 문제 앞에서는 아무것도 아니었다. 그들은 일단 먹고 마시는 문제가 해결되어야만 다른 것도 의미가 있다고 생각했다. 그래서 모세의 권위에 도전하고, 하나님을 원망하고 하나님을 시험하는 것도 개의치 않았다. 모세는 이것을 잘 알았기 때문에, 사람들이 물 문제로 그를 원망하고 하나님을 원망하는 것을 그냥 물 문제로만 간주하지 않았다. 그것은 물 문제를 넘어서는 더 차원 높은 문제였기 때문이다.

모세는 그렇게 생각했기 때문에 무슨 일이 있어도 하나님을 원망하거나 하나님과 다투고 하나님을 시험하는 행동을 하지 않으려고 했을 것이다. 그래서 비록 자신도 이해할 수 없는 일이지만, 그는 결코 하나님을 시험하지 않으려 했다. 이것은 모세가 그곳 이름을 맛사 또는 므리바라고 짓는 것에서도 분명하게 나타난다. '맛사'는 (하나님을) 시험했다는 것이고, '므리바'는 이스라엘 사람들이 서로 잘했느니 잘못했느니 송사를 벌이면서 다투었다는 것이다. 7절을 보면, 모세는 맛사와 므리바라는 두 이름 중에서 맛사를 더 선호했음을 알 수 있다. 본문기자는 7절에서 맛사－므리바 순으로 이름을 열거한 다음, 그 뜻풀이는 므리바－맛사 순으로 하기 때문이다. 그래서 7절은 이스라엘 사람들이 하나님을 시험한 것을 강조하는 것으로 마무리한다. 이런 것들을 통해서 우리는 모세가 무슨 일이 있어도 하나님을 시험하는 일을 하지 않으려 했음을 알 수 있다.

우리는 본문을 읽으면서, 모세가 얼마나 위대한 사람인지 새삼 절감한다. 본문기자는 모세는 아무런 대책이 없이 하나님이 일러 주신 대로 했다고 말하면서, 모세보다는 하나님을 앞세우는데, 그렇다 해도 그 어려운 상황, 특히 이스라엘 사람들이 모세를 돌로 치려 하는 급박한 상황에서 모세가 하나님이 일러 주신 대로 행한다는 것이 결코 쉽지 않았을 것이기 때문에, 우리는 모세의 탁월함을 부인할 수 없다. 닥친 위기상황을 돌파해 가는 과정도 그렇고, 7절에서 보았듯이, 그곳 지명을 짓는 것에서도 우리는 모세가 훌륭한 인물임을 인정할 수밖에 없다. 이런 위대함은 이후로도 이어진다.

난세에 영웅이 나타난다고 했던가. 어려운 고비를 막 넘기고 나자 바로 또 다른 어려움이 닥쳐온다. 르비딤 또는 맛사 사건을 극적으로 해결한 다음, 한숨 돌릴 겨를도 없이 아말렉이 르비딤으로 쳐들어와서 그곳에서 전투를 벌인다. 엎친 데 덮친 격이고, 설상가상(雪上加霜)인 셈이다. 먹고 마시는 것이 문제인 상황에서 언제 전투준비를 했겠는가? 그래도 모세는 이 문제에 대해서 어느 정도 대비했던지 물 문제를 겪을 때와는 달리 조금 여유 있게 대처한다. 그는 여호수아에게 군대를 이끌고 아말렉과 싸우라고 지시한다. 그런데 그 다음이 중요하다. 모세는 9절 뒷부분에서 이렇게 말한다.

> 내일 내가 하나님의 지팡이를 손에 잡고 산꼭대기에 서리라

모세가 여호수아에게 전투명령을 내리는 것을 보고 승전대책이 있을 것이라고 예상할 수도 있지만, 그 다음 구절은 우리 예상이 틀렸

음을 보여 준다. 모세는 일단 사람들을 내보내서 아말렉과 전투를 하게 하지만, 그렇게 해서 이스라엘 사람들이 아말렉을 물리칠 것이라고는 생각하지 않았음이 분명하다. 그렇게 생각했다면, 앉아서 전투 결과를 기다렸을 것이다. 그러나 모세는 그렇게 하지 않았다. 그는 지팡이를 손에 잡고 산꼭대기로 올라가겠다고 한다. 그는 그 지팡이를 자신의 지팡이나 아론의 지팡이라고 하지 않는다. '하나님의 지팡이'라고 한다. 모세는 그 지팡이를 손에 잡고 산으로 올라간다. 10절은 참 인상적이다.

> 여호수아가 모세의 말대로 행하여 아말렉과 싸우고 모세와 아론과 훌은 산꼭대기에 올라가서

산 아래에서는 여호수아가 사람들을 데리고 아말렉과 싸우고 산 위에서는 모세와 아론과 훌이 하나님 앞에 서 있다. 모세와 아론과 훌이 산으로 올라간 까닭은 명확하다. 하나님께 도움을 청하기 위해서이다. 그들은 자신들이 할 수 있는 최선을 다하면서 동시에 그것으로 도저히 이길 수 없다고 생각했기 때문에 산꼭대기까지 올라가서 하나님께 도움을 청한 것이다. 산꼭대기에서 모세가 손을 들면 이스라엘이 이기고 손을 내리면 아말렉이 이겼다. 모세가 힘이 들어서 손을 계속 들고 있을 수 없었기 때문에, 돌을 가져다가 모세를 그 위에 앉히고 아론과 훌이 모세의 양손을 이쪽저쪽에서 붙들어 주었다. 그래서 해가 질 때까지 모세는 손을 들고 있었다. 비록 아론과 훌이 손을 붙들어 주어서 모세가 해 질 때까지 손을 들고 있었지만, 그 손이 얼마나 아팠겠으며, 아론과 훌 역시 얼마나 힘들었을 것인지 짐작할

수 있다. 그렇게 해서 이스라엘은 아말렉을 무찌르고 위험에서 벗어날 수 있었다.

이스라엘 사람들이 그들을 추격해 온 애굽 군대 외에 처음으로 겪은 군대가 아말렉 사람들이고, 첫 전투도 그들과 치렀다. 그 전투는 참으로 힘겨웠고, 감당하기가 쉽지 않았다. 모세와 아론과 훌이 산꼭대기에 올라가서 해 질 때까지 손을 들고 있었다는 것은 그만큼 아말렉과의 전투가 힘겨웠음을 보여 준다. 아말렉은 이스라엘 사람들이 보기에 참으로 두려운 존재들이었다. 더욱이 마실 물이 없어서 죽을 고비를 넘긴 직후인데 아말렉이 쳐들어왔기 때문에 그 두려움이 더했을 것이다. 그리고 그만큼 미움도 강했을 것이다. 그래서인지 이스라엘 사람들이 아말렉에 대해서 갖는 감정이 유난하다. 모세는 아말렉을 무찌른 다음 제단을 쌓고 그 이름을 '여호와 닛시'라고 한다. 여호와 닛시는 '여호와는 나의 깃발'이라는 의미를 갖는데, 의역하면, 여호와께서 승리케 하셨다는 것이다. 즉 여호와는 승리의 하나님이라는 것이다. 그렇게 함으로써 이스라엘 사람들에게 여호와 닛시를 계속 기억하게 하려고 했을 텐데, 여호와 닛시는 이스라엘 사람들에게 아말렉과의 전투를 떠올리게 했을 것이다. 실제로 하나님도 그렇고 모세도 이스라엘 사람들이 아말렉과의 전투를 결코 잊지 않기를 당부한다. 14~16절을 읽어 보자.

> 여호와께서 모세에게 이르시되 이것을 책에 기록하여 기념하게 하고 여호수아의 귀에 외워 들리라 내가 아말렉을 없이하여 천하에서 기억도 못하게 하리라 모세가 제단을 쌓고 그 이름을 여호와 닛시라 하고 이르되 여호와께서 맹세하시기를 여호와가 아말렉과 더

불어 대대로 싸우리라 하셨다 하였더라

그러니까 여호와 닛시는 하나님이 다른 사람들이 아닌 아말렉과 싸워서 반드시 승리할 것이라는 강한 의지를 보여 주는 징표이다. 하나님은 아말렉을 결코 용서하지 않을 것이고, 이스라엘 사람들도 결코 잊지 말아야 하며, 하나님이 아말렉과 대대로 싸울 것이고, 이스라엘도 역시 그렇게 해야 할 것을 말씀하신다.

물이 없어서 사느냐 죽느냐 기로에 서 있는 이스라엘 사람들에게 빼앗을 게 뭐가 있다고 쳐들어온 아말렉 사람들. 그들은 하나님이 보시기에 그리고 이스라엘 사람들이 보기에 결코 용서할 수 없는 잔인한 사람들이었다.

제18장 행정전문가 이드로

모세와 이스라엘 사람들은 연이은 두 가지 어려움을 잘 처리했다. 이렇게 17장을 마무리하고 18장으로 넘어온 본문기자는 이드로를 등장시킨다. 우리도 아는 대로, 이드로는 '모세의 장인이며 미디안 제사장'이다. 모세가 애굽으로 떠난 다음, 이드로는 일이 어떻게 되어 가는지 궁금했을 것이다. 그는 이스라엘 사람들이 드디어 출애굽했다는 소문을 들었다. 그런데 여기서 본문기자는 이스라엘 사람들이 출애굽했다고 말하지 않는다. 1절을 읽어 보자.

> 모세의 장인이며 미디안 제사장인 이드로가 하나님의 모세에게와 자기 백성 이스라엘에게 하신 일 곧 여호와께서 이스라엘을 애굽에서 인도하여 내신 모든 일을 들으니라

본문기자는 이스라엘이 (스스로) 출애굽했다거나 모세가 이스라엘 백성들을 애굽에서 이끌어 냈다고 말하지 않는다. 그는 하나님이 이스라엘 사람들을 애굽에서 인도해 냈다고 말한다. 이렇게 본문기자는 출애굽을 하나님이 일으킨 사건으로 정의한다. 그렇기 때문에 모세도 이스라엘 사람들도 출애굽 사건에 관해 전혀 공(功)을 내세울 수가 없다. 그래서 이드로가 들은 것은 하나님이 놀라운 역사를 일으키셨다

는 것이다. 애굽을 떠난 모세와 이스라엘 사람들이 이드로가 거주하는 미디안 지역 가까이 왔던지, 이드로가 모세를 만나러 온다.

그런데 본문기자는 여기서 우리에게 새로운 사실을 알려 준다. 이드로가 모세를 만나러 올 때, 모세의 아내와 두 아들을 데리고 왔다는 것이다. 원래 모세는 아내와 두 아들을 데리고 애굽으로 갔는데, 도중에 일이 여의치 않자, 아내와 두 아들을 이드로에게 보낸 것으로 보인다. 우리는 이런 일이 언제 일어났는지 모른다. 그리고 그 이유도 알지 못한다. 한 가지 분명한 사실은 그동안 십보라와 두 아들이 모세와 함께 있지 않고, 이드로와 함께 지냈다는 것이다. 본문기자는 이드로가 모세의 두 아들을 모세에게로 데려왔다고 한 직후에, 두 아들의 이름, 즉 게르솜과 엘리에셀의 이름 풀이를 한다(3절). 게르솜은 2장 22절에서 이미 말한 대로, "내가 이방에서 나그네가 되었다."는 것이고, 엘리에셀은 "내 아버지의 하나님이 나를 도우사 바로의 칼에서 구원하셨다."이다. 게르솜과 엘리에셀이라는 이름 속에 모세를 비롯한 이스라엘 사람들의 역사가 고스란히 담겨 있다.

모세의 두 아들 이름 풀이를 한 다음 본문기자는 이드로가 모세를 만나러 온 것을 다시 언급한다. 5절에 의하면, 모세와 이스라엘 사람들은 광야에 머물고 있었는데, 그곳은 '하나님의 산'이다. 모세와 이스라엘 사람들은 하나님의 산에 진 치고 있었다. 그런데 우리가 아는 대로 하나님의 산은 호렙 산이다. 호렙 산은 모세가 애굽에서 도망쳐 미디안에 거할 때, 하나님을 만나서 이스라엘 사람들을 출애굽시키라는 사명을 받은 곳이다. 그들이 언제 이곳에 도착했는지 모르지만, 본문기자는 그들이 그곳에 진을 치고 있다고 말한다. 그런데 본문기자가 이스라엘 사람들이 호렙 산에 도착해서 그곳에 머무르는 것을 가볍게 다루는 것을 이해하기 어렵다. 하나님이 출애굽기 3장에서 이렇게 말씀하셨기 때문이다. 3장 11~12절을 읽어 보자.

> 11 모세가 하나님께 아뢰되 내가 누구이기에 바로에게 가며 이스라엘 자손을 애굽에서 인도하여 내리이까
> 12 하나님이 이르시되 내가 반드시 너와 함께 있으리라 네가 그 백성을 애굽에서 인도하여 낸 후에 너희가 이 산에서 하나님을 섬기리니 이것이 내가 너를 보낸 증거니라

하나님은 모세가 주저하자, 그와 함께하겠다고 말씀하시고, 모세를 통해서 이스라엘 사람들을 반드시 출애굽시키겠다고 말씀하시면서, 그 증거로 이스라엘 사람들이 출애굽한 다음, 이 산, 즉 호렙 산에서 하나님을 섬길 것이라고 말씀하신다. 출애굽은 하나님이 반드시 이룰 것이기 때문에, 모세는 바로에게 가서 이스라엘 사람들을 내보내라고 담대히 말하라는 것이다. 그렇기 때문에 출애굽한 이스라엘 사람들이 호렙 산에 진 치고 있다는 것은 하나님이 말씀하신 대로 이스라엘 사람들이 출애굽한 증거이고, 모세에게는 정말 감회가 깊고 감격스러울 수밖에 없는 일이다. 그런데도 본문기자는 간략하게 언급하고 지나간다. 왜 그럴까? 이것은 본문기자가 우리 기억력을 시험하는 게 아닌지 모르겠다. 이렇게 지나가는 말투로 이야기하면서, 우리가 출애굽기 3장 11~12절을 기억하는지 시험하는 것인지도 모르겠다.

어쨌든 그곳에 당도한 이드로는 모세에게 사람을 보내서 자신이

그곳에 왔음을 알린다. 그런데 우리가 여기서 주목할 것은 본문기자가 2~3절과 5~6절에서 이드로가 모세의 아내와 두 아들들과 함께 왔음을 계속 반복해서 말한다는 것이다. 이드로가 하는 말을 들어 보자(5절).

> 네 장인 나 이드로가 네 아내와 그와 함께 한 그의 두 아들과 더불어 네게 왔노라

여기서 보는 대로, 이드로는 자신이 누구인지, 그리고 누구와 함께 왔는지를 상세히 밝힌다. 이것은 자신들이 모세의 가족이라는 것을 말하는 것이고, 그들이 함께 모세를 만나러 왔다는 것은 모세가 그동안 가족과 떨어져 있었다는 것을 강조하려는 것으로 보인다. 얼마나 일이 어려웠으면 모세는 가족들을 장인에게로 보냈겠는가. 이제 그들을 하나님의 산에서 만난다. 이래저래 하나님의 산, 호렙 산은 모세에게 뜻 깊은 장소로 기억될 것이다. 그리고 자신들이 애굽의 영향권에서 완전히 벗어났다는 것을 확인했을 것이다.

장인과 가족들이 찾아왔다는 소식을 들은 모세는 나가서 장인과 가족들을 만난다. 그는 장인에게 절하고 입을 맞추고, 안부를 묻는다. 그리고 함께 장막으로 들어간다(7절). 모세는 장인에게 그동안 있었던 일들을 얘기한다(8절). 8절은 1절과 비슷하다. 8절을 읽어 보자.

> 모세가 여호와께서 이스라엘을 위하여 바로와 애굽 사람에게 행하신 모든 일과 길에서 그들이 당한 모든 고난과 여호와께서 그들을 구원하신 일을 다 그 장인에게 말하매

모세는 그동안 일어난 일들을 장인에게 상세하게 이야기하면서, 그 모든 일들을 하나님이 하셨다고 말한다. 하나님이 이스라엘을 위해서 이적들을 행하시고 출애굽시키셨고, 하나님이 이스라엘 사람들을 어려움에서 구원해 주셨다는 것이다. 모세는 하나님에게 초점을 맞춘다. 그가 그동안 무슨 일을 했는지에 대해서는 한마디도 하지 않는다. 자신이 얼마나 고생을 했고, 어떤 업적을 이루었는지 말하지 않는다. 그는 오로지 하나님이 하신 일만 말한다. 이것은 참으로 본받을 만한 모습이다. 우리 같으면 초점을 우리에게 맞출 텐데, 모세는 전혀 그렇게 하지 않는다.

그리고 모세가 하는 말을 들은 이드로 역시 모세와 동일하게 초점을 하나님께 맞춘다. 그는 하나님이 하신 일을 듣고 기뻐하며, 하나님을 찬양한다. 10절과 11절에서 이드로가 하나님을 찬양하는 것을 들어 보자.

> 여호와를 찬송하리로다
> 너희를 애굽 사람의 손에서와 바로의 손에서 건져내시고
> 백성을 애굽 사람의 손아래에서 건지셨도다
> 이제 내가 알았도다
> 여호와는 모든 신보다 크시므로
> 이스라엘에게 교만하게 행하는 그들을 이기셨도다

이렇게 이드로는 하나님을 찬양한다. 모세와 이드로는 오직 하나님에게 초점을 맞추고, 하나님이 무슨 일을 하셨는지, 하나님이 이스라엘 사람들에게 어떤 은혜를 베푸시고 어떻게 그들을 구원하셨는지를 이야기하는 데 모든 것을 할애한다.

그뿐 아니다. 이드로는 하나님을 찬양한 다음, 하나님께 감사 제사를 드린다. 12절을 읽어 보자.

> 모세의 장인 이드로가 번제물과 희생 제물들을 하나님께 가져오매 아론과 이스라엘 모든 장로가 와서 모세의 장인과 함께 하나님 앞에서 떡을 먹으니라

이 구절은 우리를 더욱 놀라게 한다. 사람들이 하나님께 감사 제사를 드리는데, 그 제물을 모세와 이스라엘 사람들이 준비한 것이 아니고, 이드로가 준비했다는 것이다. 이것은 이드로가 모세를 만나러 오기 전에 이미 하나님을 찬양하고 하나님께 감사 제사를 드리려고 예비했음을 보여 준다. 그는 모세를 만나러 가지만, 동시에 하나님을 찬양하고 하나님께 제사 드리러 하나님의 산으로 간 것이다. 정말 제사장다운 모습이다. 함께 제사에 참석한 아론과 이스라엘 모든 장로들은 이드로가 가져온 음식을 하나님 앞에서 함께 나눈다. 하나님께 드리는 제사는 이렇게 제사 드린 사람들이 하나님 앞에서 함께 식사하는 것으로 이어진다. 얼마나 아름다운 장면인가. 모세와 이드로. 그들은 우리로 하여금 참으로 많은 것을 깨닫게 하는 신앙심 깊은 사람들이다.

그 다음 날, 모세는 아침부터 업무를 시작한다. 무슨 일들이 그렇게 많은지 아침부터 저녁까지 이스라엘 사람들이 모세에게 몰려왔다. 그 모습을 지켜보던 이드로가 모세에게 묻는다. 그러자 모세는 자세히 설명한다. 이드로와 모세가 나눈 대화를 정리해 보자.

이드로: 네가 이 백성에게 행하는 이 일이 어찌 됨이냐 어찌하여 네가 홀로 앉아 있고 백성은 아침부터 저녁까지 네 곁에 있느냐?

모 세: 백성이 하나님께 물으려고 내게로 옴이라 그들이 일이 있으면 내게로 오나니 내가 그 양쪽을 재판하여 하나님의 율례와 법도를 알게 하나이다

이드로: 네가 하는 것이 옳지 못하도다 너와 또 너와 함께 한 이 백성이 필경 기력이 쇠하리니 이 일이 네게 너무 중함이라 네가 혼자 할 수 없으리라 이제 내 말을 들으라 내가 네게 방침을 가르치리니 하나님이 너와 함께 계실지로다….

여기서 보는 대로, 이스라엘 사람들은 서로 간에 얽힌 일들이 많고 그것을 자기들끼리 해결하지 못해서 모세에게 찾아왔다. 그런데 여기서 우리가 주목할 것은 이스라엘 사람들이 모세에게 판결해 달라고 가져오는 문제는 세속적인 일일 텐데, 모세는 그들이 하나님 뜻을 물으려고 그에게 온다고 말한다. 그리고 양편의 잘잘못을 잘 따져서 그들에게 하나님의 율례와 법도를 알게 한다는 것이다. 모세와 이스라엘 사람들은 일상적인 삶을 살면서, 하나님이 그들에게 요구하는 대로 살고자 애썼으며, 사람들 사이에 문제가 발생했을 때, 그저 누가 잘했는지 잘못했는지를 가리는 것에서 그치지 않고, 하나님이 그들에게 무엇을 요구하시는지, 그들이 지켜야 할 하나님의 율례와 법도가 무엇인지를 알고자 했다. 모세와 이스라엘 사람들은 모든 일들을 통해서 하나님께 초점을 맞춘다. 이것은 이드로도 인정한다. 그래서 이드로는 19절 뒷부분과 20절에서 이렇게 말한다.

너는 하나님 앞에서 그 백성을 위하여 그 사건들을 하나님께 가져오며 그들에게 율례와 법도를 가르쳐서 마땅히 갈 길과 할 일을 그들에게 보이고

그런데 이렇게 사람들이 모세를 찾아와서 문제를 해결하고 하나님 뜻을 깨우치려고 하는데, 이스라엘 사람들 사이에 하도 많은 일들이 일어나서, 모세가 아무리 신속하게 일을 처리하려고 해도, 모세는 하루 내내 재판을 해야 했고, 사람들은 아침부터 나와서 저녁까지 무작정 기다려야 했다. 그러니 그들 의도가 아무리 좋다고 해도, 모세나 이스라엘 사람들이 지칠 수밖에 없었다. 특히 모세가 그렇게 매일 아침부터 저녁까지 사람들을 재판한다는 것이 너무 힘들었다. 이것을 살펴본 이드로는 모세에게 문제점을 지적하고, 그것을 해결해서 모두를 만족게 할 지혜로운 방법을 일러 준다.

이드로가 제시하는 방법은 먼저 유능한 사람들을 선택하라는 것이다. 그런데 여기서 '능력 있는 사람(들)'(안쉐-하일)[37]은 "하나님을 두려워하며 진실하며 불의한 이익을 미워하는 자"이다. 이것은 요즘 우리가 생각하는 '능력'(能力)과 질적으로 다르다. 본문기자가 말하는 능력은 윤리적이고 신앙적인 차원이기 때문이다. 옳고 그름에 대한 기준과 판단이 정확하고, 자신이 옳다고 생각하는 것을 행하는 사람이 능력 있는 사람이다. 이드로는 모세로 하여금 사람들을 잘 살펴서, 그런 능력을 가진 사람들을 선택하고, 그들을 능력에 따라서 천부장, 백부장, 오십부장, 십부장으로 임명해서 이스라엘 사람들을 재판하게 하라고 권고한다. 그리고 이스라엘 사람들 사이에서 일어난 일들의 경중을 따져서 직급에 따라 재판하게 하고, 천부장도 다룰 수 없는 일들은 모세에게 가져오게 한다. 이드로는 이런 재판방식을 모세에게 일러

37) '안쉐-하일'은 이스라엘 사람들이 보기에 이상적인 남성상이었을 것이다. 이스라엘 사람들이 생각하는 이상적인 여성상은 잠언 31장 10~31절에 나오는데, 이상적인 여성을 '에쉐트-하일'이라고 한다.

주면서, 이렇게 말을 마무리한다. 22절 뒷부분과 23절을 읽어 보자.

> 그리하면 그들이 너와 함께 담당할 것인즉 일이 네게 쉬우리라 네가 만일 이 일을 하고 하나님께서도 네게 허락하시면 네가 이 일을 감당하고 이 모든 백성도 자기 곳으로 평안히(버샬롬) 가리라

이드로는 모세가 혼자서 일하지 말고, 다른 사람들과 함께 담당하라고 말한다. 우리가 본 대로, 이스라엘 사람들이 출애굽 이전과 이후에 여러 가지 일들을 겪었는데, 그때마다 이스라엘 사람들은 모세를 비난하면서 모세 혼자서 그 일을 감당하게 했다. 물론 이것은 앞으로도 마찬가지이다. 그래서 민수기 11장을 보면, 먹을 것이 없어서 어려움을 당할 때, 이스라엘 사람들은 모세를 원망하고 그에게 불평을 해서 모세가 견디다 못해 차라리 죽는 게 낫겠다고 하나님께 하소연을 할 정도였다. 이스라엘 사람들은 모든 책임을 모세에게 떠넘긴다. 이드로가 지적하는 것이 바로 이것이다. 그렇게 하면 안 된다는 것이다. 가능하면 모세가 이스라엘 사람들과 함께 짐을 지라는 것이다. 그렇게 해서 짐을 가볍게 하는 것이 모세 자신이나 이스라엘 사람들을 위해 유익하다는 것이다. 이드로는 이스라엘 사람 누구나가 평안해지는 방법을 알려 준 것이다. 이드로는 정말 예리하게 관찰하고, 문제점을 파악해 낼 뿐만 아니라, 가장 적절한 대책도 마련해서 제시하는 탁월한 사람이다. 이런 점에서 이드로의 방문은 모세와 이스라엘 사람들에게 큰 힘이 되었을 것이다.

모세는 이드로가 한 말을 귀담아 듣고 그대로 한다(24절). 능력 있는 사람들을 선택해서 천부장, 백부장, 오십부장, 십부장으로 세우고,

그들이 직급에 따라서 재판을 하고, 그들이 해결하지 못하는 문제는 모세에게 가져오게 했다. 이렇게 해서 모세는 이스라엘 사람들을 바르고 지혜롭게 판결하고 인도하는 체제를 만들었다. 이드로는 정말 탁월한 행정전문가이다.

모세는 그 이후에도 장인 이드로에게 많은 것을 자문했을 것이고, 이드로는 모세에게 지혜롭게 조언했을 것이다. 그렇게 모세에게 큰 도움을 준 이드로는 그곳에 계속 머무르지 않고 자기 사는 곳으로 돌아간다. 아마 이드로가 돌아가겠다고 하는 것을 모세가 만류하고 붙들었을 것으로 보인다. 그렇게 모세와 함께 시간을 보내던 이드로는 이제 돌아갈 때가 되었다고 생각하고, 살던 곳으로 돌아갔을 것이다. 이런 점에서도 이드로는 맺고 끊는 게 정확한 사람임을 알 수 있다.

맺는 글 출애굽 이야기 – 여전한 문화콘텐츠

우리는 지금까지 출애굽기 1~18장을 읽었다. 출애굽기 1~18장은 출애굽의 이상과 현실을 적나라하게 보여 준다. 그리고 그것은 오늘날에도 마찬가지이다. 우리는 본문 속에서 출애굽의 이상과 현실이 빚는 갈등을 보는 동시에, 그 갈등이 우리 삶 속에서도 발생하는 것을 목격한다. 그렇기에 출애굽 이야기는 오늘 우리에게도 생생한 이야기 거리이다.

한국교회 역사를 살펴보면, 출애굽 이야기는 중요한 문화적 콘텐츠였다.

> 일제 치하 성탄은 예수 탄생의 기념축제였지만 언제나 모세의 출애굽 테마가 연극으로 연출되곤 하였다.[38] 한국의 비운이 이스라엘의 오랜 삶과 역사에 직접 비교되었기 때문이다. 기독교는 한국에서 '탈이스라엘'의 구조보다 '이스라엘화'가 훨씬 생동적으로 수용될 입지에 놓여 있었다. 생활관습이나 그 수탈과 붕괴, 포수(捕手)의 쓰라림이 피차에 병행한다고 보아 '제2의 이스라엘', '동양의 예루살렘'과 같은 유비(類比)가 돋보였다.[39]

성탄절에 신약성경을 소재로 연극을 하지 않고 구약성경, 특히 출

38) "유대 역사 속의 사건들은 기독교 학교들의 연극에 흥미 있는 주제가 되었다." Kenneth M. Wells, 154.

39) 민경배, "일제의 한국 침략과 한일교회 관계", 『일제하의 한국기독교 신앙·민족운동사』(서울: 대한기독교서회, 1991), 74–75.

애굽 사건을 소재로 연극을 했다는 사실에서, 일본제국주의에 의해 가혹한 식민 지배를 받으면서 한국기독교인들이 얼마나 구약성경을 사랑했는지 알 수 있다. 이렇듯 한국기독교인들은 구약성경, 특히 출애굽기를 읽으면서 이스라엘 역사와 한국역사를 동일시했고 위로를 받았던 것이다. 한국기독교인들은 구약성경을 읽으면서 자신들의 정체성을 명확하게 했다.

> 이동휘는 "사랑하는 형제들아! 우리는 구약의 이스라엘처럼 하나님께 헌신된 민족이다. 우리가 어디를 가든지 우리는 [하나님께] 이런 우리의 적당한 봉사(자기희생)를 해야 한다."고 기록하였다. 동경의 YMCA의 연설에서 한 한국 학생이 "한반도의 상황은 유대의 이스라엘 민족의 상황과 너무도 유사하게 정말 비참하며, 기독교를 통하지 않고는 한국을 구할 길이 없다."고 진술하였다.[40]

출애굽 이야기를 비롯한 성경 이야기들은 이 시대에도 여전히 사람들을 움직이는 힘을 갖는다. 그래서 성경 이야기는 여전한 문화콘텐츠이다. 그런데 문제는 출애굽 이야기가 오늘 우리에게 어떤 문화콘텐츠이냐는 것이다. 한국교회는 아직도 스스로를 골리앗 앞에 선 다윗이라고 생각할지 모르지만, 한국교회는 이미 다윗이 아니고 골리앗이다. 더 이상 원시적인 물맷돌이 아닌 엄청난 창과 방패를 들고 서 있으면서, 자신이 여전히 다윗인 줄 아는 정체성 혼란에 빠져 있다. 그렇기 때문에 한국교회에게 출애굽 이야기는 해방의 이야기가 아니고 억압의 이야기로 이미 변질되었다. 이것이 바로 오늘 우리가 직면한 출애굽 이야기의 이상과 현실이 빚는 괴리이다. 한국교회가 출애굽 이야기를 정말로 바르게 읽기를 소망한다.

---

40) Kenneth M. Wells, 153.

이종록

전남대학교 영문학과(B.A)
장로회신학대학교 신학대학원 교역학석사(M.Div)
장로회신학대학교 대학원 신학석사(Th.M)
장로회신학대학교 대학원 신학박사(Th.D)

장로회대전신학대학교 교수(1989~1996)
한일장신대학교 교수(1997~현재)

『성서로 읽는 디지털 시대의 몸 이야기』(2004)
『아름다운 말 한마디를 나누러 가고 싶다』(2004)
『성서와 반제국주의』(2006)
『말씀 · 삶 · 해석』(2006)
『용서와 화해』(2007)
『21세기 한국교회의 에큐메니칼 운동』(공저, 2008)
『인간의 역사(歷史) · 하나님의 역사(役事)』(2008)
『삶으로 읽는 성서 · 성서로 이루는 삶』(2008)
『교회자원봉사』(공저, 2009)

출애굽, 그 이상과 현실

다시 읽는 출애굽기 1-18장

초판인쇄 | 2011년 1월 25일
초판발행 | 2011년 1월 25일

지 은 이 | 이종록
펴 낸 이 | 채종준
펴 낸 곳 | 한국학술정보㈜
주 소 | 경기도 파주시 교하읍 문발리 파주출판문화정보산업단지 513-5
전 화 | 031) 908-3181(대표)
팩 스 | 031) 908-3189
홈페이지 | http://ebook.kstudy.com
E-mail | 출판사업부 publish@kstudy.com
등 록 | 제일산-115호(2000. 6. 19)

ISBN 978-89-268-1884-8 03230 (Paper Book)
978-89-268-1885-5 08230 (e-Book)

내일을여는지식 은 시대와 시대의 지식을 이어 갑니다.

책에 대한 더 나은 생각, 끊임없는 고민, 독자를 생각하는 마음으로 보다 좋은 책을 만들어갑니다.